EL GRAN LIBRO
DE LOS ÁNGELES

GIUDITTA DEMBECH

EL GRAN
LIBRO DE LOS
ÁNGELES

EDICIONES OBELISCO

Si este libro le ha interesado y desea que le mantengamos informado de nuestras publicaciones, escríbanos indicándonos qué temas son de su interés (Astrología, Autoayuda, Ciencias Ocultas, Artes Marciales, Naturismo, Espiritualidad, Tradición) y gustosamente le complaceremos.

Colección Nueva Consciencia
El gran libro de los ángeles
Giuditta Dembech

1.ª edición: marzo de 1996

Portada de Ricard Magrané
© 1994 l'Ariette - Seiimo Torinese (Reservados todos los derechos)
© 1996 by Ediciones Obelisco, S.L. (Reservados todos los derechos para la lengua española)
Edita: Ediciones Obelisco, S. L.
Pere IV. 78 (Edif. Pedro IV) 4ª planta 5ª puerta 2ª Fase
08005 Barcelona - España
Tel. (93) 309 85 25 - Fax (93) 309 85 23
Castillo, 540, Tel. y Fax 771 43 82
1414 Buenos Aires (Argentina)

Depósito Legal: B. 15.965 - 1996
I.S.B.N.: 84-7720-446-2

Printed in Spain

Impreso en España en los talleres de Romanyà/Valls, S. A.
de Capellades (Barcelona)

A tantos ángeles silenciosos
y desconocidos
que cada día entretejen
la vida de todos nosotros.

ANTECEDENTES

«Basta, ¡éste es el último libro que escribo!»

Así me decía Giuditta hace un año, cuando apenas había acabado de escribir *Turín. Ciudad Mágica n.º 2.*

Y todavía hace un mes: «Este año me voy a la montaña y no haré nada, no escribiré ni una línea, descansaré y basta».

Yo no la creía, y en el fondo ni ella misma, pero tengo el deber de espolearla para que no se duerma en los laureles, y por tanto insistí, un poco insinuante: «Para ti escribir es como respirar, tú debes escribir...»

Pero ella se encogía de hombros.

Parecía de verdad que no quisiese hacer nada, me veía obligado a seguir argumentando, como quien no quiere la cosa, pero insistiendo.

«El tuyo es un talento natural, debes ejercitarlo, como un pintor debe pintar y un músico debe tocar, tú debes escribir...»

Ella continuaba con su indiferencia y yo me veía obligado a discutirlo en el plano metafísico y con un tono más perentorio: «¿Qué dirás cuando se te pregunte qué has hecho de tus talentos, los has usado de la mejor manera y siempre?»

Ella protestaba, pero hoy, en el breve tiempo de un mes, trabajando duramente día y noche, el nuevo libro se ha acabado. Debo también decir que antes de decidirse a comenzarlo, se lo pensó durante ocho años.

Giuditta comenzó a hablar de los ángeles en el año 1985, primero en nuestra transmisión radiofónica y después en una serie de conferencias.

Para mí, como para muchos, fue como descubrir un mundo nuevo.

Nuestra cultura católica nos recuerda la existencia del ángel Custodio; mientras se es niño, va bien, pero después, de mayor, ¿quién sigue creyendo? El ángel lo relegamos al mundo de las fábulas, junto con los viejos juguetes y Papá Noel.

En el Antiguo Testamento los ángeles eran a menudo mensajeros de un Dios vengativo. En los Evangelios se dedican a las Anunciaciones.

Y hoy ¿adónde han ido a parar?, ¿por qué no aparecen más, ¿por qué no se habla de ellos?

Y ha sido muy hermoso redescubrir que jamás se fueron, que son criaturas de planos superiores pero reales, que están aquí para ayudarnos; basta con que nosotros creamos en ellos y les invoquemos, y se precipitan en nuestra ayuda, cada uno según su cometido.

Y junto al ángel custodio, se asoma el ángel de la casa, el de la familia, el del lugar, el de la ciudad, el de la nación y así hasta el infinito...

Son los «ayudantes invisibles» que tras una llamada

nuestra están preparados para intervenir en nuestro favor pero respetando siempre las leyes del karma.

Seres de luz, de muchos niveles evolutivos, se mueven con armonía en torno a nosotros.

Pero, según la teoría de los opuestos y de los contrarios, es sabido que donde está el blanco también está el negro, al día se opone la noche, al calor el frío, etcétera.

Si existe una multitud de ángeles «blancos», existe, por contraposición, otra multitud de ángeles negros, éstos también indudablemente necesarios para el desenvolvimiento del Plan.

Donde hay inmovilidad, estatismo, no hay evolución. El movimiento se crea por contraposición de dos fuerzas, y en el movimiento hay evolución.

Pero de los «ángeles negros» Giuditta no quiere hablar. Su deber, dice, es el de sembrar serenidad y esperanza... y encontraréis mucha en las líneas que siguen.

ALDO GRASSI
Turín, agosto 1993

PREFACIO

Estoy acostumbrada a escribir, me es tan connatural como respirar, pero, antes de iniciar este libro he sido asaltada por todo tipo de angustias: del sentido de inutilidad; del deseo de tirar por la ventana todos los apuntes, pues el trabajo era demasiado difícil; de un sentido de desesperación que me empujaba a huir a cualquier lugar donde fuese imposible escribir.

Después, una mañana, mientras hojeaba un libro del siglo XVI sobre los ángeles, he centrado mi atención sobre dos líneas; gritaban mi misma ansiedad desde una época tan lejana y tan diversa... Entonces he comprendido...

En su libro *Aurora consurgens* (el libro que estaba consultando), Jacob Bohme dedica a la angelología diez capítulos y añade: «Advierto al lector que ama a Dios de que este libro sobre la Aurora no ha sido terminado, en cuanto que el demonio se ha propuesto interponer obstáculos, viendo que, por su medio, el día está por aparecer».

No creo en ningún otro demonio si no en el que está encerrado en el corazón del hombre. Comprendí entonces que de aquel demonio es de donde partía mi angustia.

De estas páginas mías no «está a punto de aparecer el día» como decía Bohme, sino que una pequeña luz ciertamente se trasluce.

Y así, con el amor de siempre, con la misma carga de alegría, humildad y espíritu de servicio, me he embarcado en la aventura.

La temática es tan enorme que aterroriza hasta al más aguerrido de los escritores. Es imposible comprimir en pocas o tantas páginas, una realidad tan polifacética y compleja como la de los ángeles.

Nada tengo que enseñar a nadie. Que no les siente mal a los teólogos, no pretendo invadir sector alguno de sus conocimientos.

He intentado recopilar lo mejor de muchos libros a menudo imposibles de encontrar. He querido reunir pensamientos y filosofías a veces muy diversas entre sí; reunificar pensamiento cristiano, pensamiento laico, cabalístico, teosófico, clarividencia pura en una única solución.

Mi amor por los ángeles viene de antiguo, comienza en mi primera infancia. Fue un período en el que mi familia se trasladó desde Turín a Cirié, una pequeña población. El otoño y el invierno transcurrían en un espeso muro de niebla. Cada mañana, quieras o no, debía sumergirme en aquel elemento desagradable para ir a la escuela. Aquel no ver nada y no ser vista me daba mucho miedo. Me parecía estar abandonada, sola, sobre un planeta desconocido.

Fue en aquellas travesías a ciegas, cuando, para darme coraje y encontrar compañía, comencé a dialogar con mi ángel custodio. No he dejado jamás de hacerlo, y desde un cierto punto en adelante el ángel ha comenzado a responder...

Más adelante en los años, otros ángeles han entrado en mi vida, con el nacimiento de mis dos hijos; el diálogo también se ha extendido a ellos, para encomendarles a mis pequeños (ahora son mayores).

Nadie puede, jamás, programarse autónomamente una vida; mi destino me ha llevado, quieras o no, a ocuparme de los mundos del espíritu. No se cómo o cuándo di el primer paso, todo ha sido así estrechamente entretejido a mi vida de todos los días...

En 1985 comencé una serie de transmisiones sobre los ángeles para Radio Centro 95. La temática me había siempre fascinado, aunque el material sobre el que trabajaba era, y es aún, escasísimo.

En 1987, Eduardo Bresci, el llorado fundador de la Casa Editorial «L'etá dell'Acquario» me prestó la traducción de un libro de Hodson que quería publicar: *La fraternidad de los hombres y de los Ángeles.*

Leyéndolo, me daba cuenta de que todas aquellas cosas que hasta entonces había solamente intuido tomaban finalmente forma. En la mente y en el corazón tenía un enorme ovillo de nociones, informaciones, conocimientos parcialmente míos y parcialmente «sugeridos». Era como si de aquellas páginas emanase una gran luz. La confusión y el desorden con que todo era agavillado en mi mente, asumían una armoniosa colocación. Todos las piezas encajaban en su lugar...

Fue como si alguien hubiese abierto una puerta sobre un panorama grandioso, y aquella puerta todavía no se hubiese cerrado.

Una frase sobre todas me impresionó; formaba parte de un mensaje dictado directamente por los ángeles.

«Condición esencial por vuestra parte es el convencimiento de nuestra existencia; a tal fin deberéis obtener más informaciones sobre nosotros y representarlas de tal modo que resulten aceptables tanto al científico como al poeta, al artista como al soñador...»

En aquel momento caí en la cuenta de que podía colaborar con mis propios medios en este trabajo de divulgación. He empleado casi ocho años en reflexionar, pues el trabajo es de verdad inmenso.

Hablar de ello por medio de la radio y las conferencias ha sido relativamente fácil; reordenarlo todo en un libro ha sido una empresa terrorífica. ¿Por dónde podía comenzar?

Ésta es la razón por la cual encontraréis, acaso, los capítulos desligados el uno del otro, algunas cosas repetidas y otras en desorden. Otras incluso ni siquiera están, como la explicación de las Sephiroth. Me ha desanimado y lo he dejado. Demasiado difícil.

Hay demasiadas cosas que decir, algunas parecerán como de ciencia ficción, otras se darán por descontado. Lo he hecho lo mejor que he podido, con una inmensa humildad y gran espíritu de servicio, pero mis medios son tan limitados y Ellos, por el contrario, son tan complejos...

Estoy segura de que mientras escribía «Ellos» me han ayudado espiritualmente, ilimitadamente, pero, en cambio, se han distraído un poco en relación con mi cuerpo físico, a veces demasiado frágil e indolente, pero, acaso, los grandes milagros ya los habían hecho conmigo...

Encontraréis en estas páginas, quizás en desorden, pero en total hermandad y más allá de todas las teologías, ángeles «cristianos», cabalísticos, devas, espíritus de naturaleza, Dhyan Choan, lado a lado, con la perfecta armonía que les es característica, sin espíritu de competición, sin necesidad de confrontarles para establecer cuál de ellos era «pagano» y cuál no.

El ángel es energía, es presencia, sea cual sea el nombre o la imagen con el que que la tradición humana le ha denominado.

El ángel es realidad. Que el hombre moderno lo crea o no, el ángel existe, nada podrá cambiar su Ser.

Entre tantas tesis que he examinado a este propósito, serán la mente y el corazón del lector quienes hagan la elección; será su seguro instinto quien le guíe hacia la teoría más afín a su modo de ver, sentir y pensar. Mi deber es semejante al del sastre: elegir, seleccionar, cortar y coser conjuntamente varios fragmentos multicolores, hasta convertirlos en un conjunto armonioso, pero... de mí no hay sino la aguja, el hilo y la paciencia. Todo lo demás preexistía. Había que sacarlo fuera, compararlo y armonizarlo. Y os aseguro que ha sido muy fatigoso.

Una última cosa: ocurre, a veces que en un libro de quinientas páginas sean suficientes sólo diez líneas para cambiar la vida de quien lo lee.

No tengo la loca pretensión de cambiar vuestra vida, pero espero con todo el corazón que muchos de vosotros encontréis aquí, en alguna parte, esas diez líneas ..

LOS ÁNGELES EXISTEN

Entender al Ángel

Si queremos entender plenamente la dimensión de los ángeles, debemos aceptar el supuesto de su existencia real.

Los ángeles son reales en la misma medida en que es real este libro que tenéis entre las manos.

Se podrá objetar que al libro se le puede ver, sentir, que tiene consistencia al tacto, que pesa, mientras que el ángel no tiene nada de esto y es del todo invisible...

También la fuerza de la gravedad es invisible y, sin embargo, es la fuerza más importante de todo el universo. Determina la estructura física de cada ser viviente, permite a los océanos permanecer en sus abismos, al viento seguir una dirección y mantiene en perfecto orden cada cuerpo, viviente o inanimado. Y sin embargo, no existe en nuestro actual nivel de tecnología un instrumento capaz de medirla.

Sabemos que está, que existe, pero no podemos intervenir de ninguna manera sobre ella; no conocemos ninguna de las leyes que regulan su curso.

Para la ciencia del 2000 la fuerza de la gravedad continúa siendo un misterio, como los ángeles; con la diferencia de que, sobre los ángeles, se han dicho muchas más cosas...

Cada ser humano, ya sea bueno o malo, santo o pecador, dispone de su ángel custodio. Es una presencia real que desempeña un cometido junto al hermano humano.

El ángel habla, nos susurra ideas, propone cambios, sugiere la solución a cada uno de nuestros problemas, nos trae intuición y sabiduría.

Susurra en nuestra mente, en ese momento privilegiado en el que estamos resbalando de la vigilia al sueño, o también al despertarnos, cuando se ha acabado el sueño pero aún no estamos del todo lúcidos.

Las mayores intuiciones y revelaciones de nuestra vida, nos vienen en esos momentos, sugeridas por nuestro «alter ego», del cual, con desdén, rechazamos la existencia.

El ángel habla y nosotros estamos sordos, o más bien, convencidos de haber hablado nosotros o de haber encontrado solos la solución o la inspiración.

Su ayuda nos llega en el silencio y en la tranquilidad, a menudo sin reconocerla, ni pedirla. Si, por el contrario, nuestra postura con relación a él cambiase, se convertiría en una verdadera colaboración.

Estas páginas han sido escritas con la intención: de que estemos un poco más atentos al murmullo de los ángeles, para intentar convertir en un diálogo constructivo su presencia entre nosotros.

El ángel es, pues, una realidad, mas, para penetrar en la profundidad de su ser, debemos comenzar por cancelar algunas ideas preconcebidas que tenemos sobre él.

Antes que nada, abandonemos la idea de un ángel con alas emplumadas. Lo sé, es una imagen querida, fuertemente enraizada en nuestra mente, será un lugar común pero es confortador...

El ángel, con sus bellas alas susurrantes como las de las palomas o las de las gaviotas, capaz de volar siempre y en cualquier lugar a nuestro alrededor, de atravesar los ciclo para alcanzarnos es, pura y simplemente, una bella imagen.

Nos ha ayudado quizás a superar el miedo a la oscuridad, siendo niños, o el miedo a estar en casa solos.

Tranquilizaos, el ángel de nuestra infancia ha existido, existe y siempre ha estado junto a nosotros, jamás se ha alejado un metro, ni siquiera cuando hemos olvidado o, peor, renegado de su existencia.

Si queremos extender nuestro pensamiento y ver el ángel «de las cosas», debemos imaginarlo carente de forma humana, alada o no.

El ángel no tiene necesidad de las alas, ni para trasladarse ni para surcar los cielos. De la misma manera, tampoco tiene necesidad de un cuerpo humano. El ángel es energía, es puro espíritu, infinitamente más ligero y sutil que el aire (que puede ser pesado y contaminado) o que la misma luz.

El ángel Es.

Este discurso no es fácil de comprender ni de aceptar, ni siquiera hoy en que nuestra toma de conciencia está muy avanzada.

Imaginad el nivel de evolución de la humanidad hace diez mil años, en la época en la que presumiblemente se desarrolla la narración bíblica.

Los ángeles se manifestaban con mucha frecuencia a los hombres. Para hacerse visibles debían asumir una forma que fuese comprensible a la inteligencia humana. Debían ser creíbles y aceptables.

No podían manifestarse en su verdadera esencia, esto es, puro espíritu o energía del todo informe, y por tanto no perceptible al ojo físico.

¿Quien hubiera dado crédito a una persona que nos dijera haber dialogado con un «remolino de energía»? No le creeríamos ni siquiera hoy, especialmente hoy...

El ángel sabe que no debe atemorizar excesivamente al hombre, y que debe hacerse aceptar como criatura venida del cielo para traer la Palabra divina.

En la imaginación popular ningún ser podría surcar los cielos sin ser sostenido por las alas; ¡se aplastaría contra el suelo!

Y así, para hacerse creíble, el ángel aparece alado. Sus alas susurran armoniosamente, trayendo a la Tierra el eco de las sinfonías celestes que el hombre puede solamente imaginar.

Y con las alas el hombre continuará imaginándoselo y representándolo por milenios.

El cuerpo de los ángeles

La evolución del pensamiento humano ha modificado, a su imagen y semejanza, la figura del mensajero divino. Los ángeles son representados, a veces, como grifos o como cabezas infantiles carentes de cuerpos. A veces, son pequeños infantes alados, rubicundos y mofletudos; otras veces, aparecen privados de alas o poseyendo también dos o tres pares.

A veces son representados desnudos, púdicamente carentes de sexo, o con barba o incluso hasta con apariencias femeninas.

En otras ocasiones vienen engalanados con vestidos vaporosos y agraciados; otras veces con la coraza y armados de punta en blanco; en ocasiones son imaginados y pintados con hábitos sacerdotales o con ricas vestiduras cubiertas de joyas.

Se suceden así, en el transcurso de los siglos, una infinidad de figuras que aparentemente no se asemejan, de hecho, la una con la otra.

Con las nuevas tendencias, después de la llegada del abstracto que ha descompuesto y desorientado los cánones del arte, también el ángel va perdiendo su identidad de figura semejante al hombre, y cada vez más frecuentemente se le representa como luz, como conjunto geométrico multicolor, o con el nervioso e irreconocible trazo gráfico de Paul Klee.

El hombre, por tanto, en el transcurso de los milenios, se ha «reflejado» en el ángel, lo ha retratado según la moda y los estilos, manteniendo firme su principio de visitante llegado de las esferas celestiales.

En muchos casos los ángeles aparecen como un ser

humano cualquiera, se sientan a la mesa del hermano humano y comparten con él la comida, como ocurrió con Abrahám, que hizo amasar tortas de harina para sus visitantes, les ofreció leche fresca y un ternero «tierno y bueno». Mientras los ángeles (de incógnito) comían sentados bajo un árbol, él, de pie, los observa (*Génesis* 18, 8).

También Tobías, durante muchos días compartió el alimento con su misterioso acompañante, pero cuando éste se revela diciendo que es el arcángel Rafael, dirá: «A vosotros os parecía verme comer, pero yo no comía nada, era sólo apariencia» (Tb. 12, 19).

En la narración de Lot, los ángeles que van a advertirle de la próxima destrucción de Sodoma y Gomorra, son tan reales en su aspecto físico, y también tan hermosos en su divina perfección, que llegan a ser deseados por los habitantes de la ciudad, que desearon iniciar con ellos relaciones homosexuales.

Una aparición desconcertante, sobre la que se han versado ríos de tinta, fue la que le ocurrió al profeta Ezequiel.

Vale verdaderamente la pena leer el capítulo entero del AntiguoTestamento. Lo resumiremos muy brevemente, pues Ezequiel se alarga describiendo hasta los mínimos detalles de los colores, de los rumores, de las particularidades de la extraña estructura aún hoy misteriosa en la forma y en la función, llamada «Shekinah», la Gloria del Señor.

Al profeta se le apareció un extraño vehículo, indudablemente desconocido para la tecnología de la época. Junto a eso estaban cuatro Seres; cada uno de ellos tenía cuatro alas, dos recogidas en lo alto y dos plega-

23

das en bajo, completamente cubiertas de ojos. Enteramente cubiertas de ojos eran también las «ruedas», resplandecientes de topacios, por medio de las cuales los querubines se movían (Ezequiel 10, 12).

Bajo las alas aparecían manos de hombre, pero los pies eran de ternero, brillantes «como bronce pulido». Estos cuatro seres tenían cuatro caras: de hombre delante, de león a la derecha, de toro a la izquierda y de águila.

Sobre su cabeza se podía ver un firmamento «resplandeciente como el cristal» (Ezequiel 1, 22).

Isaías nos habla de ángeles con seis alas: con dos se cubrían la cara, con dos los pies y con las otras dos volaban.

Y fue también un ángel con seis alas el que se le apareció a San Francisco inundándolo de alegría y sacro terror.

Ángeles y Devas

Acaso el nombre mismo, ángel, es impropio respecto a las inmensas posibilidades de estos seres. Deriva del griego *aggelos*, esto es, «mensajero», «nuncio».

Este significado lo encontramos en el término hebraico *mal'akh*, «mensajero»; pero ya veremos en el transcurso del libro, que son mucho más que simples portadores de noticias.

Son verdaderos ejecutores de la voluntad divina. Encontraremos bajo su mando y su control cada cosa que exista en la inmensidad de la creación.

El término oriental *Deva*, con el que se definen las

criaturas angélicas, expresa con gran eficacia su esencia. «Deva» deriva del sánscrito «resplandeciente» o más precisamente: «ser de luz». Su raíz etimológica es: *dyaus*, que en nuestra lengua se puede traducir como «pequeña divinidad».

En efecto, en la concepción oriental, el Deva es una especie de divinidad menor, ligada con frecuencia a las fuerzas de la naturaleza. En estas páginas, usaré el término Deva con frecuencia, sobre todo para designar los custodios de los lugares, de los árboles, de las montañas, de las islas, mientras que utilizaré el término «ángel» para los custodios de los seres humanos, aunque si bien, para los efectos, sea la misma cosa.

Veremos más adelante que hasta las más pequeñas partículas de materia tienen su Deva, o inteligencia divina con las que él comparte su destino.

En estas Legiones se cuentan también los seres arcanos a los que la fantasía de los hombres ha dado nombres diversos: gnomos, silfos, ondinas, hadas, elfos, dríadas, duendes, trolls.

También ellos son criaturas angélicas, de los órdenes inferiores, ligadas a la naturaleza y a sus elementos: tierra, fuego, aire y agua.

Controlan la evolución de los reinos mineral, vegetal y animal y también los océanos, las nubes y los vientos.

La duración de su vida es igual a la vida de lo que custodian. El Deva de la amapola vivirá un día, como la amapola, el del cuarzo millones de años, el de una nube pocos minutos, etcétera.

Han entrado en las leyendas y en las fábulas humanas, pues estando ligados a la naturaleza y a sus manifcstaciones, entran en contacto con los hombres, y entre los hombres de todos los tiempos ha habido clarividentes que lo han percibido.

No tienen una forma definida, pero asumen, con mucha frecuencia, la forma con la que son imaginados por los seres humanos o la de la «cosa» que tienen en custodia, adaptándose a su aura y convirtiéndose en su parte integrante.

Cada cultura y cada pueblo ha dado un nombre particular a sus Devas o «espíritus de la naturaleza», instaurando, con frecuencia, relaciones de simpatía con ellos.

En las costas de Cornualles, el primer whisky del año es dejado en pequeños tazones en las ventanas de las destilerías para que los duendes del lugar lo puedan catar.

De la misma manera, en todas las partes del mundo, a los espíritus de la naturaleza se les «ofrece» la primera miel, o los primeros frutos de la nueva cosecha.

La terminología india es la más seguida en occidente, acaso porque no tiene ninguna reticencia en admitir la existencia de infinitas «pequeñas divinidades».

Los Devas se definen como Chohan, y los Grandes Chohan toman el nombre del Mahachohan. Existe, además, una categoría excelsa denominada los Dhyan Choan.

Es, *grosso modo*, una clasificación semejante a la nuestra. Los Devas corresponden a los ángeles, los Chohan a los Arcángeles y los Mahachohan equivalen a las potencias de la segunda tríada. Los Dhyan Choan corresponden a nuestros ángeles de la tríada superior: Querubines, Serafines y Tronos.

Estos Seres intermedios entre la divinidad y el hombre, cualquiera que sea el nombre con que sean definidos, son comunes a todas las grandes religiones, en todas las épocas. Como si la humanidad no hubiese podido prescindir de su trabajo y de su presencia.

Con un punto de perplejidad, la Teosofía mira al culto cristiano de los ángeles. Así habla de ello, Helena Blavatsky, una figura titánica en la historia del esoterismo:

«Ningún teósofo, ningún verdadero ocultista ha venerado jamás Devas, Nat, ángeles, o espíritus planetarios. El hecho de reconocer la efectiva existencia de tales seres que, aunque muy excelsos, son también criaturas finitas y de evolución gradual, y sentir reverencia por algunos de ellos, no es veneración...

»Todos son potencias ocultas que tienen un dominio sobre ciertos atributos de la Naturaleza. Una vez atraídos hacia un mortal, lo ayudan seguramente en ciertas cosas. Aún hoy, en general, cuanto menos se tenga que hacer con ellos, mejor.»

Sobre la *Doctrina Secreta* [1] Edic. Sirio, Trieste, pag. 285, Mme. Blavasky dice:

«Todo el cosmos está guiado, controlado y animado por una serie casi infinita de jerarquías de Seres conscientes, cada uno con una misión que cumplir y que, con un nombre u otro, se les llame Dhyan Choan o ángeles, son los "Mensajeros", o sea, los agentes de las leyes kármicas y cósmicas.»

---

1. *Raya yoga u Ocultismo*, pág. 145. Ed. Astrolabio.

Y añade: «Cada uno de estos seres ha sido o se prepara para ser un hombre, si no ahora, al menos en un ciclo pasado o futuro». Es un argumento lleno de fascinación sobre el que volveremos más adelante.

¿Rivales de Cristo?

A pesar de que los ángeles siempre hayan sido propensos hacia el hermano humano, a pesar de su disponibilidad a dar, colaborar y ayudar en nuestra evolución, no siempre la Iglesia los ha visto con buenos ojos.

El culto a los ángeles ha sido con frecuencia minimizado por la jerarquía eclesiástica. La Iglesia parece a veces entrar en contradicción consigo misma, por su excesiva preocupación de no dejarse escapar el monopolio de la devoción cristiana.

Así se expresa Monseñor Del Ton, muy amante de los ángeles, en un reciente libro suyo: *Verdad sobre los ángeles y Arcángeles.*

"No se debe enaltecer a los ángeles con especulaciones en detrimento de Cristo, disminuyendo o bajando una soberana preeminencia que la fórmula del Símbolo niceno-constantinopolitano indica: "todo ha sido creado por Cristo". El verbo de Dios hecho hombre, es Jefe y Soberano de los ángeles, y ellos, según la teología de la escuela franciscana, de Él han recibido los dones de la naturaleza y los más preciados de la Gracia y de la Felicidad, indefectible, imperecedera, completa.»

Mucho antes de la venida del Cristo, los ángeles han atravesado toda la historia de la humanidad desde sus mismos albores.

Adán y Eva fueron situados en el espléndido jardín del Edén (si es que hubo un jardín en el Edén), custodiado por Uriel, el ángel de la espada llameante.

Después de la expulsión, los ángeles siempre han acompañado el camino del hombre, fieles intérpretes de la voluntad de Dios, colaboradores y ayudantes de la especie humana.

Mucho antes de que cualquier comunidad eclesiástica se preocupase del espíritu de los hombres, fueron los ángeles quienes lo hicieron. El hombre de todos los tiempos ha tenido siempre devoción y simpatía hacia estos hermanos mayores suyos, tan vecinos, disponibles y potentes. Y, sin embargo, cíclicamente, son considerados como «rivales», como si la devoción a los ángeles pudiera quitar algo a la devoción hacia Cristo, o hacia un Dios Padre que, a pesar de su inmanencia en todas las cosas, aparece tan lejano...

He aquí cómo se expresa con el canon 35 el Concilio de Laodicea:

«Los cristianos no deben abandonar la Iglesia de Dios, marcharse, invocar a los ángeles, celebrar cultos en su honor... Todo esto está prohibido. Si alguno, pues, se encuentra en esta idolatría escondida, sea anatematizado por haber abandonado a nuestro Señor Jesús Cristo, hijo de Dios y haberse hecho idólatra.»

Indudablemente, los Padres de la Iglesia en sus orígenes tenían buenos motivos de preocupación. La palabra de Cristo se expandía en una sociedad supersticiosa y paganizante, que aceptaba amuletos de divinidades, provenientes de otras religiones, con tal de que fuesen eficaces...

Talismanes con nombres angélicos, a los que se atribuía la capacidad de curar o ahuyentar la mala suerte, circulaban en todas partes, traídos por viajeros y mercaderes. Provenían de las culturas vecinas egipcias, caldeas, asirias, romanas.

En la mentalidad común no estaba muy claro el concepto de quién debía ser adorado y quién no.

La preocupación, por tanto, debía ser motivada y legítima, pues también en el *Apocalipsis* (19,10) será el ángel mismo quien pone en guardia al hermano humano de un exceso de veneración hacia él:

«Entonces caí a sus pies para adorarlo. (al ángel) Pero él me dijo: "¡Estáte atento!¡ No lo hagas! Yo soy un siervo como tú y tus hermanos que tienen la obligación de prestar testimonio a Jesucristo. ¡Adora a Dios!"...»

Pero con el paso del tiempo, la Iglesia ha tomado una posición menos vaga a este propósito. El hermano ángel entra en las páginas del nuevo Catecismo, con todas las cartas en regla:[1]

«La existencia de los seres espirituales incorpóreos que la Sagrada Escritura llama habitualmente ángeles, es una verdad de fe. Los testimonios de la Escritura son tan claros como la unanimidad de la Tradición.»

---

1. Nuevo Catecismo de la Iglesia Católica CEI, pág. 98, art. 328: «La existencia de los ángeles es una verdad de fe».

LOS ÁNGELES DE LOS «OTROS»

Irán

¿Cuándo nacieron los ángeles? ¿En qué momento de la creación Dios decidió su existencia?

Naturalmente, nosotros no podemos sino avanzar hipótesis, basándonos en varios pasajes bíblicos.

Según la interpretación de algunos rabinos, nacieron el segundo día, cuando Dios separó las aguas (*Génesis* 1, 6). Según otros, por el contrario, fueron engendrados al quinto día, junto con los pájaros (*Génesis* 1, 20).

Otras hipótesis dicen que los ángeles nacen constantemente, de cada palabra de Dios.

Las criaturas aladas más antiguas de la historia hasta aquí conocida, son los genios de la religión asirobabilónica.

También las religiones hindo-iraníes tienen sus propios ángeles. En el *Zend Avesta* hacen una rápida aparición personajes un poco misteriosos que rodean a Ahura Mazda, el Dios supremo. Son seis divinidades que están constantemente a su lado, denominadas

Amesha Spenta, esto es, los «Inmortales Benéficos» y están destinados a presidir los elementos positivos de la naturaleza. He aquí sus nombres:

Vohu Manah, el «Buen Pensamiento»: está relacionado con los animales.

Asha, el «Orden Cósmico-Moral», es también la divinidad del fuego.

Kshatra, el «Reino» es también la divinidad del metal.

Armaiti, la «docilidad», preside la Tierra.

Haurvatat, la «integridad», gobierna el agua.

Ameretat, la «inmortalidad», es la señora de las plantas.

Y además existen los Yazata, esto es, los «venerables», los cuales son, respecto a los Amesha Spenta, más o menos como nuestros ángeles respecto a los Arcángeles.

En este contexto se inserta una multitud de otras criaturas celestes, las Fravashi, que asumen un papel bastante semejante al de nuestros ángeles custodios.

De la síntesis de los elementos asirio-babilónico y persas, deriva, acaso, la vastísima angelología hebraica.

El *Talmud* afirma: «Los nombres de los ángeles vinieron a Israel por parte de aquellos que volvieron de la cautividad de Babilonia».

Encontraremos, en efecto, en la tradición hebraica las indicaciones de millares de nombres, cosa que no ha sido aceptada por la tradición cristiana.

La tradición musulmana tiene una enorme veneración por los nombres de Dios. Su repetición constante es considerada como un potente talismán que defiende al devoto de todo sortilegio.

Mahoma afirma: «Dios tiene sesenta y nueve nombres, y cien nombres menos uno; quien los conoce entrará en el Paraíso».

Algunos doctores musulmanes afirman que el centésimo nombre de Alah es el nombre más grande, el desconocido a los mortales, el impronunciable...

Los Sagrados Nombres son recitados sólo oralmente. Un musulmán no permitirá jamás que sean escritos sobre el papel o metal en caracteres árabes. Cuando se haga necesario transcribir su talismán, son representados numéricamente o con letras interpuestas. Esto es porque se atribuye un enorme poder mágico a la fuerza contenida en el sonido y en el signo.

El hecho de que los mismos nombres sean impresos con caracteres extranjeros, parece no preocuparles, como si el nombre, transcrito en una letra distinta del árabe, se vaciase de toda su fuerza.

Existen diversos elencos de los «noventa y nueve nombres» aunque difieren con frecuencia el uno del otro.

Más allá de los atributos normalmente reservados a Dios, que queda siempre como el Único, el Verdadero, el Puro, etcétera, los textos islámicos admiten la existencia de criaturas no propiamente angélicas, sino «genios muy potentes», y «siete espíritus»; son:

RUQUIAIL
DJEBRAIL
SEMSEMAIL
CERFIAIL
ANIAIL
KESFIAIL

No pretendemos empezar una investigación «arqueológica» larga y difícil en la búsqueda de los antepasados de nuestros ángeles.

El concepto de ángel, con toda su vasta complejidad, parece particularmente radicado en la filosofía de las llamadas Religiones del Libro, esto es, la religión hebraica, la cristiana y la del Islam, aunque sí mensajeros, ejecutores, heraldos, aparecen en todas las tradiciones y culturas de cada tiempo y país.

Criaturas intermedias entre la divinidad y el hombre, han entretejido eternamente viajes entre Cielo y Tierra, para llevar la Palabra, la Voluntad de Dios a los mortales.

Quizás haya sido esta necesidad de mediación lo que ha hecho tan vigilantes en los hombres la atención hacia las criaturas celestes.

Todavía más compleja sería la investigación y la comparación de la figura angélica en el arte.

Dos ángeles hindúes dibujados en un antiguo texto tibetano.

LA SÍNTESIS HISTÓRICA

Para entender cómo se llega a la clasificación definitiva (por ahora) de los ángeles, es necesario concentrarse y trasladarse al período histórico de los primeros siglos de la era cristiana.

Había indudablemente una cierta confusión entre los muchos cultos y tendencias filosóficas. Probablemente la tradición que tuvo un mayor peso, capaz de una gran síntesis histórica y cultural, fue la gnóstica.

Heredera de la tradición neo-platónica, esta corriente floreció en Egipto y en todo el arco del Asia Menor, desde el 250 a. C. hasta el 400 de la Era Cristiana.

Definidas «gnósticas» por afirmar que detentaban los conocimientos ocultos de las leyes secretas del universo, (*gnosis* = conocimiento) estas escuelas fueron dirigidas casi siempre por iniciados, personajes que habían recibido una revelación trascendental o el don de la visión directa.

En realidad, en esto confluyeron las corrientes del pensamiento filosófico del mundo antiguo, lo mejor de la tradición oculta de Mesopotamia, de Palestina, del Asia Central, de Egipto, de Grecia y de Roma.

De aquí nació una tradición nueva y compleja en la que vienen entremezclados los dioses egipcios y griegos, la Cábala hebraica, la astrología asirio-caldea, la magia babilónica, los procesos árabes de adivinación y, sobre todo, los fuertes influjos del cristianismo que se imponía como pensamiento dominante.

No fue ciertamente fácil la convivencia de los gnósticos con los Padres de la Iglesia, aunque en el fondo nos encontrarnos ante la mayor tentativa de síntesis ecuménica de todos los tiempos.

Es de esta época de transición de la que emergen nombres de relieve. Entre los gnósticos encontramos los teúrgos Alejandrinos y de la escuela egipcia, Simón de Samaria, llamado Simón el Mago, Menandro, su discípulo, el Sabio Basilides de Egipto, Valentín de Alejandría, y también filósofos excelsos como Apuleyo, Orígenes, Celso y Jámblico (que fue en una encarnación precedente Pitágoras y que renacerá más adelante reencarnado en Proclo).

Entre sus aguerridos adversarios de la época, encontramos a Ireneo, Epifanio, Teodoreto, Justino, Tertuliano, Clemente Alejandrino y el historiador Eusebio.

Fue en estos años de grandes fermentos espirituales, de sincretismo y de lucha por la afirmación del propio conocimiento cuando se codificaron las Grandes Inteligencias angélicas.

En el Gnosticismo se transmitía la veneración de Seres divinos muy diferentes, en los que son evidentes los influjos de las culturas, todavía vivas, egipcia, griega, hebrea.

En los cultos de aquella época, Yahvé, Adonai,

Sabaoth, Miguel, Osiris, Anubis, Tifón, Seth, reciben el mismo culto, reflejando en aquella situación, que a nosotros puede parecernos caótica, la profundidad del movimiento de síntesis mística.

Con el transcurrir de los·siglos, las clasificaciones se hacen más ágiles: según el *Sepher Raziel* (pág. 19b), el jefe de los ángeles «gnósticos» sería Kokhabriel. Los ángeles principales son: Gabriel, Miguel, Rafael (que es el ángel Surijan del libro de Enoch), Raquel, Saraquael, Zutel, Fanuel, Uriel, Gabulethon, Akher, Arphygitonos, Beburos, Zebuleon, Ananael, Prosoraiel, Gabsael, Sogriel.

Sin embargo, muchos de estos nombres no están en la revelación bíblica, pero se obtienen por la interpolación de diversos versículos del Antiguo Testamento, son «Nombres Secretos» que no siempre son aceptados sin discusión.

Un poco de orden

Muy pronto, los «Padres Históricos» de las diversas tradiciones religiosas sintieron la necesidad de clasificar los ángeles y todos los otros espíritus celestiales en jerarquías precisas.

Así, se reordenaron las legiones invisibles de las potencias mágicas, según su grado de eficiencia y autoridad, estableciendo de este modo una corte celeste y otra demoníaca a imagen de las organizaciones jerárquicas y sociales de la época.

Pero el número de los ángeles y de los demonios era infinito. Para que quedase claro que su cálculo no estuviese destinado al conocimiento de la mente humana, se dijo a los mortales que sobre el Monte Sinaí, Dios estaba escoltado por sesenta miríadas de ángeles y por 12.000 demonios comandados por Chemel.

Y sin embargo, era necesario establecer un orden. Los rabinos y los Padres de la Iglesia coincidieron con el *Sefer Raziel*, uno de los más antiguos textos cabalísticos.

En él se afirma que «Los nombres de los ángeles reflejan sus funciones».

San Ireneo empieza a poner orden, reagrupando los innumerables apelativos de los ángeles en siete Grandes Nombres:

IALDABAOTH EL DEMIURGO, IAO, SABAOTH, ADONEUS, ELOEUS, OREUS, ASTAPHEUS.[1]

Fue Dionisio el Areopagita quien puso definitivamente orden en las legiones celestes. Su clasificación en nueve Órdenes, a su vez divididas en tres tríadas, fue aceptada por el cristianismo y aún no ha sufrido terremotos.

¿Quién era Dionisio?

Muchos, en el transcurso de casi dos mil años, se han hecho esta pregunta, pero aún no ha llegado la respuesta exacta. Lo cierto es que, fuere quien fuere,

---

1. M. Schwab, *Vocabulaire de l'angelologie*, 1897.

sus escritos han dejado una huella indeleble en el pensamiento cristiano que, como todos sabemos, no acepta por las buenas al primer recién llegado...

El mismo Dionisio parece querer confundir las aguas, presentándose como convertido por San Pablo, espectador del eclipse solar ocurrido en Heliópolis durante la crucifixión de Jesús y afirmando haber estado presente con los apóstoles Pedro y Santiago en el entierro de la Virgen.[2]

De por sí esta última afirmación suscita algunas dudas, aunque eso no es más que uno de los misterios de Dionisio.

El *Corpus dionysiacum* por él redactado, consiste en cinco libros, que no han llegados todos a nosotros: *Jerarquía celeste*, *Jerarquía eclesiástica*, *Teología mística*, *Nombres Divinos* y *Epístolas*.

Estos textos han tenido una importancia excepcional en la teología cristiana, tanto como para proporcionar a Dionisio (fuese quien fuese) la fama de «fundador de la teología mística y máximo exponente de la angelología cristiana».[3]

El *Corpus* gozó en todo el Occidente medieval de la alta estima de los papas Gregorio Magno y Martín I.

Fue traducido al latín en el año 858, citado por toda la escolástica, por Tomás de Aquino, por Eckart, por Tomás de la Cruz.

---

2. Dionisio Areopagita, *Jerarquía celeste*, pág. 5, Ed. Tilopa, Roma 1981.

3. Comentario de Gabriel Burrini a la introducción de *Jerarquía celeste, op. cit.*

Sus clasificaciones de la angelología influyeron hasta en el mismo Dante, que las tomó como modelo en su *Comedia* (muy pronto convertida en *Divina*).

Pero ¿quién era Dionisio? La historia de las dudas comienza en el 533, en el Concilio de Costantinopla, donde se desmintió que el Aeropagita pudiese haber sido convertido por San Pablo.

Se supone que pudiera ser San Dionisio, primer obispo de París y evangelizador de las Galias, que vivió en el siglo III.

Pero más tarde se pensó que fuese el primer obispo de Atenas o el obispo de Corintio. Hasta se lanzó la hipótesis de que fuese el mismo Proclo o Amonio Saca en persona, o Severo de Antioquía, o Dionisio el Grande, obispo de Alejandría.

La diatriba ha continuado por siglos y aún no se ha tomado una decisión definitiva. La última atribución (por orden de fecha, data del año 1959, en el que el historiador Ugo Riedinger identifica al Areopagita con Pedro Fullone. Se aceptan otras hipótesis, y, en el entretanto, vale la definición «Pseudo-Dionisio».

En todo caso, sea quien sea el que se ocultaba detrás de este misterio, hablaba y escribía con gran seguridad.

Entre sus páginas, no hay lugar para las dudas, vacilaciones o cambios de opinión. Escribe porque sabe y conoce:

«lo que el Principio divino nos ha comunicado misteriosamente por medio de las Inteligencias celestes. Por tanto, nosotros no diremos nada que provenga solamente de nosotros, pero expondremos, según nuestra capacidad, aquellas visiones celestiales que fueron

41

contempladas por los Santos conocedores del Divino y en lo que también nosotros hemos sido iniciados.»

Habla con el «plural mayestático», como era costumbre de la época.

Sea quien sea el ilustre desconocido de nombre Dionisio el Areopagita, su trabajo ha tenido y tiene aún «un innegable valor de obra fundamental de la angelología cristiana y de documento precioso del misticismo occidental y del Cristianismo de los primeros siglos, documento al cual se han referido los cristianos más importantes en su camino espiritual». ¡Palabra de crítico![4]

---

4. Gabriel Burrini, *op. cit.*

LAS TRES TRÍADAS

Así habló Dionisio

Dionisio, y con él estará de acuerdo unánime todo el clero de los siglos siguientes, establece que todas las criaturas que se mueven en torno al trono de Dios, se definen como «ángeles» aunque pertenezcan a tres grandes «familias» o «tríadas», bien distintas. Partiendo de lo alto, del lugar situado delante del Trono del Altísimo, las legiones angélicas están compuestas así:

Primera tríada: SERAFINES, QUERUBINES, TRONOS.
Segunda tríada: DOMINACIONES, VIRTUDES, POTESTADES.
Tercera tríada: PRINCIPADOS, ARCÁNGELES, ÁNGELES.

Así habla el Areopagita a propósito de las funciones de los Serafines:

«Su continuo e incesante movimiento en torno a la realidad divina, el calor, el ardor, el revolotear de este eterno movimiento, estable y firme, la capacidad de hacer que sus subordinados sean semejantes a sí mismos, elevándolos enérgicamente, haciéndoles rebullir e inflamándoles hasta un calor igual al de ellos, el poder de catarsis semejante al fulgor y al holocausto, la naturaleza luminosa y resplandeciente que jamás se oculta, y que es inextinguible, ahuyentadora de toda tétrica oscuridad.»

En cuanto al nombre de los Querubines: «ello nos revela su poder de conocer y contemplar la divinidad, su aptitud para recibir el don de la luz más alto y para contemplar la dignidad del Principio Divino en su potencia originaria, su capacidad de llenarse del don de la sabiduría y comunicarlo, sin envidia, a aquellos del segundo orden, en efusión de la sabiduría recibida».

En cuanto al nombre de los Tronos: «Espíritus muy altivos y sublimes, superan de modo puro toda vil inclinación y se elevan hacia la cima en modo ultraterreno, firmemente se retraen de toda bajeza, están sólida y firmemente establecidos en torno a Aquel que en verdad es el Altísimo. Acogen lo que desciende del principio Divino con una calma toda inmaterial y, en fin, son portadores del Divino, presurosamente abiertos para recibir sus donaciones».

Estas palabras, siglo más siglo menos, fueron escritas hace dos mil años y desde entonces son un punto de referencia inmutable, casi como los ángeles mismos. ¡Por lo demás, no es que sean muy claras!

En la tardía Edad Media, se retomó la cuestión sin cambiar una sola coma en el contenido, por un gran doctor de la Iglesia, Tomás de Aquino, en su *Summa Theologica* (1 q. 112,4).

«Sobre los sujetos, es preciso distinguir los grupos

jerárquicos en cuanto que reciben en manera no igual las órdenes del Príncipe, como puede ocurrir en una ciudad sometida a un único soberano, aunque hayan recibido legislaciones distintas.

Los ángeles, dotados de una inteligencia más o menos poderosa, conocen las leyes divinas en manera diversa. Y esto es el factor principal sobre el que se fundamenta la variedad jerárquica en ellos.

La Primera Jerarquía conoce y aprecia estas leyes, como procedentes de un principio universal que es Dios.

La segunda las percibe como dependientes de causas universales creadas que ya son más o menos numerosas.

La tercera jerarquía las recibe tal y como son aplicadas a cualquier ser y dependientes de causas particulares.»

Tratando de simplificar estos conceptos, si fuese posible hacerlo, continúa así (1, q. 108,7)

«La distinción de los ángeles en jerarquías y órdenes se apoya no tanto sobre los dones naturales de su esencia específica, sino sobre el grado de su elevación sobrenatural y sobre la visión intuitiva que Dios les ha concedido a ellos, después de que hubieran superado la prueba, un mar de beatitud sin límites ni fondo, en el cual, con diversa profundidad se sumerge su propio éxtasis.» (*Summa* 1 q. 108,7).

El docto Tomás alcanza una más elevada especulación filosófica contemplando el ingreso de los humanos en las jerarquías celestes: «Los hombres pueden, sí, entrar en los diversos órdenes de ángeles, pero no asumiendo su naturaleza, sino mereciendo en el cielo una gloria que los iguala el uno al otro de los Coros Angélicos».

Por mucho que se trate de devanar la madeja, la cuestión queda siempre mucho más allá de las puertas del intelecto humano.

VOLVAMOS A VERLOS HOY

Manteniendo firme el principio cristiano de clasificación, alarguemos ahora nuestro horizonte. Extendamos la mirada más allá de esos estrechos límites.

Os quiero proponer un nuevo y moderno modo de ver la angelicidad, sin tener la pretensión de abrir un nuevo frente.

En las líneas que siguen he intentado realizar una gran síntesis.

He releído y comparado los textos más dispares, y a veces discordantes, antiguos y modernos. He dejado un ancho espacio al conocimiento de los Gnósticos, al de los Cabalistas y al de los Gymnosofistas. He examinado la metodología de los místicos medievales, de los alquimistas, he recorrido el doloroso camino de John Dee, y el camino luminoso de Tritemio de Spanheim. He buscado en el vasto océano de los conocimientos teosóficos y antroposóficos, pero, sobre todo, he efectuado conexiones y más conexiones entre todas estas corrientes, recogiendo todo lo que las unía y descartando, donde era posible, los puntos de fricción o de discordia.

Pero sobre todo he dejado un gran espacio a la intuición (¿personal o sugerida?).

A veces, con una fulgurante intuición, se me han abierto puertas inesperadas, ofrecido respuestas o acaso, me han sido sugeridas... Ha sido un trabajo durísimo pero fascinante.

La tríada superior

En perenne contacto con la divinidad, la reflejamos constantemente. Estas santas criaturas vivientes forman una especie de filtro de la luminosidad divina. Su esencia es de tal modo impensable para nosotros los humanos que no existen criterios con los que confrontarla.

Nadie, en el pálido mundo de nuestra raza, podría jamás contemplar, aun filtrada, la potencia del rostro de Dios. Cuando Moisés fue llamado a la montaña para recibir las Tablas de la Ley, la divinidad le apareció bajo forma de un arbusto ardiendo, rodeado de una nube luminosa que laceraba el cielo. La voz tonante le mandó. «Cubre tu cara, pues nadie me puede mirar y sobrevivir». La fulgurante presencia de Dios debe ser protegida por muchísimos velos antes de manifestarse.

El deber de los ángeles de las clases superiores es propiamente esto, reflejándose en la luz divina, filtrarla y hacerla descender en la justa cantidad de medida y conocimiento a las clases de las jerarquías inferiores.

Es todo un infinito pasarse la energía de ángel en ángel, desde el trono de Dios hasta los reinos inferiores en los que operan los pequeños Devas, arquetipos de las bacterias o de los átomos.

Cada uno conoce su menester, recibe exactamente cuanto necesita y lo retransmite al ángel de la clase inferior, perfectamente adaptado, según su exigencia.

Todo esto sucede en un coro de gozosa armonía, de amor puro, de luminosidad y potencia sin límite.

La Palabra creadora de Dios encerrada en los remolinos de fuerza custodiada por los ángeles, desciende sin saltos y sin errores, pues el error existe solamente en el reino de los hombres, muchísimo más abajo...

Los ángeles se convierten por tanto en el «vehículo» por medio del cual la voluntad divina, su Palabra ordenadora, y su potencia viajan, atravesando todos los cielos y dimensiones hasta el mundo de la materia.

Los Serafines

De *Seraph*, quemar, pero entendido también como «serpiente». Otros han sido definidos como «ruedas de fuego», otros como «Los Ardientes».

Es la manifestación más alta de la angelicalidad, acaso para no ser considerados como ángeles, sino como emanaciones directas de Dios. La divinidad que se refleja en sí misma. No hay palabras justas para definirlos. Así como es inconcebible para la mente humana hacerse un concepto sobre Dios, lo mismo podemos decir para sus Serafines, compuestos de su misma sustancia. Han sido definidos «El principio de todos los torbellinos» y es así como podemos imaginarlos: como inmensos remolinos de energía incandescente en continuo movimiento ante Sí mismos y en torno al Trono de Dios. Son los remolinos en los que la energía primordial de la creación se conserva, reposa eternamente en sí misma en espera de que la Mente Creadora decida en qué forma deberá manifestarse.

Serafines y Querubines son los custodios de esta energía de la que podría nacer cualquier nueva forma, desde una flor a un universo.

Alrededor del Trono de Dios, las santas criaturas vivientes, inmersas en la belleza y en la beatitud, alejadas de la percepción de las miserias humanas, inmutables dentro de su llameante circunferencia, velan sobre la creación presente y futura. Aunque no conozcan cuál será la voluntad creadora, ellos rigen entre sus manos la energía primordial, y la hacen disponible. Son verdaderamente, en tal sentido, «Los candeleros de la Llama divina».

Cuando en un segundo momento el trabajo de creación y transformación haya llegado, se convertirán en los supremos custodios de la materia manifiesta, por medio de las infinitas legiones de sus subalternos.

Son parangonables a los Señores del Karma, del Universo entero, puesto que todo el universo creado, y por tanto, su propio destino, ha pasado a sus mismas manos. Y del mismo modo serán los Señores del Karma de todos los universos futuros y de los antiuniversos si alguna vez existen, puesto que no hay partícula de materia que no haya pasado o que no deba pasar a través de Ellos.

La mente divina propone, decide, e inmediatamente se ponen en movimiento sus ejecutores materiales.

Los primeros que recogen el sonido, el pensamiento de la divinidad son los Serafines, los más cercanos a Él, y de ellos las «órdenes» pasan a las clases inferiores, según su propia «especialización», retransmitida siempre más abajo hasta las legiones de los constructores de formas infinitamente pequeñas, hasta la diminuta hada que gobierna la flor, el copo de nieve, o la gema que se está formando en la profundidad de un planeta. Las jerarquías más altas poseen un nivel de conocimiento que comparten sólo en parte con sus hermanos de las jerarquías inferiores.

Cuanto más en alto se encuentran, cuanto más cerca de la divinidad resplandeciente, más complejos son sus deberes y más distantes de nuestra posibilidad de percepción y comprensión.

Los Querubines

Representan el principio móvil de la Divinidad, su capacidad generadora, la energía en movimiento en fase de creación.

Mientras los Serafines conservan en torbellinos de fuego la energía increada, los Querubines la reciben de su mano en el momento mismo en el que la Divinidad ha expresado el pensamiento creador. La Energía está ahora a punto de agregarse.

Los Serafines son los Conservadores, los Querubines son los Distribuidores de la energía, los que establecen la forma que deberá tomar, y que activarán a las legiones de arcángeles inferiores para que se ocupen de ello. Serán, en verdad, las escalas inferiores, cada una según su propio cometido, quienes realicen completamente, y con la máxima perfección que les es propia, el pensamiento creador de la divinidad.

Pongamos un ejemplo para entendernos.

En la vida de los hombres, existe un personaje que nosotros llamaremos *designer*, el cual tiene conocimiento de las formas y de las materias necesarias para poderlo construir. Éste tiene la capacidad de realizar, al menos sobre el papel, cualquier objeto nacido de su imaginación. Puede decidir la realización de una joya, o de un ascensor, un automóvil o un vestido de nuevo estilo. Una vez que tiene claro en su mente lo que quiere obtener, lo diseña; da algunas indicaciones sobre los colores, los materiales para su construcción y desde aquel momento no lo piensa más.

Desde ese momento en adelante serán arquitectos, ingenieros, mecánicos, tejedores, sastres, orfebres, herreros, químicos, etcétera, los que realicen en los detalles la creación de su mente.

Con todo el respeto por la Divinidad, a la que he comparado con un mísero diseñador humano, podemos imaginar que para las jerarquías celestes las cosas vayan más o menos así: Dios imagina su creación, y sus lugartenientes se ponen en marcha para realizarla en el modo más perfecto.

Los Serafines. Son los primeros que reciben el pensamiento divino, dispensan la energía necesaria sacándola de los remolinos en constante ebullición entre sus manos.

Los Querubines. Reciben la onda del pensamiento divino, y la energía para realizarlo directamente de los serafines y organizan las leyes y las estructuras por medio de la sabiduría y de los conocimientos de que son portadores.

Los Tronos. Destinan la creación hacia su justa colocación en el tiempo y en el espacio. Serán Ellos quienes guíen la «cosa» creada hacia el lugar justo en el que deberá manifestarse y en el momento justo para que esto ocurra.

Las Dominaciones. Establecerán los confines dentro de los cuales la «cosa» podrá actuar, con pleno respeto hacia las leyes estáticas y dinámicas que los Querubines han establecido precedentemente. Límites entre los que la nueva creación podrá moverse actuando con perfecto sincronismo y armonía con las otras cosas creadas ya en actividad.

Las Virtudes. Establecerán las características propias de la «cosa» creada; le atribuirán forma, color, dimensiones, perfume, temperatura. Esto es, crearán el arquetipo. Desde este momento en adelante la «cosa» está preparada para descender a los planos de la materia, sea una flor o una galaxia. Hasta ahora la «cosa» se ha movida en el plano más puro y abstracto del pensamiento creativo. Ahora deberá dar el paso siguiente y descender y manifestarse.

Las Potestades. La cargarán con la energía vital que es más adaptada a su especie. Prácticamente formarán sus cuerpos sutiles, infundirán el «prana», que es portador de vida, modelarán el aura que le permitirá expresarse con su propio Ser.

Los Arcángeles. Serán los custodios arquetípicos de la nueva especie que está entrando en el mundo de la materia manifiesta. Habrá un arcángel a la cabeza de

53

Los tres ángeles aparecidos a Abrahám (Griegos XVIII - 1,14)

toda la especie, y al que se referirán cada uno de los ángeles, custodios de cada una de las «cosas».

Los Ángeles. Representan la legión más numerosa. Se dividen en dos inmensos grupos, los custodios y los constructores.

Los Custodios se ocupan, como hemos indicado, de cada cosa creada: una flor, un valle, una casa, un ser humano, un planeta, una sustancia química, etcétera.

Los Constructores de formas son las inteligencias que trabajan en el interior de los cuatro elementos (cinco si consideramos el éter cósmico que contiene a los otros cuatro).

Son prácticamente los carpinteros, los tejedores, los químicos, los fontaneros que participan incesantemente en la vida de todos los reinos y de todos los mundos creados.

No existe una partícula sub-atómica, por infinitesimal e invisible a todos los instrumentos humanos que sea, que no posea su contraparte espiritual, su Deva o inteligencia que controla su ritmo.

Y así, desde lo infinitamente grande, desde el inaudito esplendor de la luz divina, hemos descendido a lo infinitamente pequeño, observando la creación que «pasa de mano en mano», desde la mente de Dios a las clases inferiores que proveerán a su construcción, átomo más átomo y a su custodia a lo largo de todo el arco de su existencia.

Desde los pocos segundos de vida de una gota de agua, a los millares de años de un planeta, Seres de Luz, insensibles al tiempo que pasa, siguen, ordenan y controlan cada cosa.

BREVE HISTORIA DE LOS ARCÁNGELES

¿Por qué sólo tres nombres?

Como tendremos ocasión de comprobar, en muchas ocasiones, con funciones y menesteres diversos, encontraremos siempre y solamente los nombre de los tres arcángeles principales: Miguel, Gabriel y Rafael.

Pero, a medida que avancemos, encontraremos estos tres nombres unidos a muchas funciones distintas, como si todo el trabajo del Cosmos gravitase sobre sus espaldas.

Respecto a esto, tenemos que aclarar un punto importante. Cuando se habla de funciones del Arcángel, en el ámbito de la vida cotidiana de los seres humanos, es conveniente recordar que no será el Arcángel «en persona» quien intervenga.

Cada uno de estos grandes Seres, tiene bajo su «dependencia» miles y miles de «subalternos», que son los ejecutores materiales de su voluntad.

Por ejemplo, Gabriel, entre otros menesteres, es también el Arcángel jefe de los Custodios. No significa que él personalmente se ocupe de la tutela de cada uno de los individuos. Para cada hombre habrá un ángel de su rango, que desempeñará las funciones de custodio como las desempeñaría el propio Gabriel.

Miguel se repite frecuentemente en las plegarias y en las invocaciones de los humanos, y veremos, entre otras cosas, que a él está reservado un culto totalmente particular.

Naturalmente, existen buenos motivos detrás de esta predilección. Seleccionaremos aquellos que nos parecen más determinantes:

1) Las Sagradas Escrituras, y también la Iglesia, insisten en querernos indicar, entre millares de ángeles, solamente los tres nombres más recurrentes en el Antiguo y en el Nuevo Testamento, aquellos que son explícitamente citados.

Estos tres nombres, por tanto, serán los únicos aceptados, y los que más veces utiliza la tradición popular que, queriéndolo o no, no tiene otros nombres autorizados entre los que elegir.

La tradición hebraica, por el contrario, ha dedicado estudios profundos con el fin de extrapolar de los versículos de las Sagradas Escrituras los nombres secretos de los ángeles.

En el *Pentateuco*, la serie de cinco libros de Moisés, estarían escondidas las indicaciones de los nombres secretos. Fue propiamente Yahvé quien pidió una atenta observación: «Yo mando a mi ángel ante vosotros, observadlo, pues Él lleva mi nombre».

Rigurosos ejecutores de la palabra divina, los Rabinos han examinado los setenta y dos versículos del capítulo 14 del *Éxodo*, y más concretamente los capítulos 19, 20 y 21.

Cada versículo está compuesto por setenta y dos letras; los nombres de los ángeles están cuidadosamente escondidos allí. Del estudio cabalístico sobre la *Torah* han nacido libros que, por siglos, han sido transmitidos en secreto, divulgados exclusivamente en las escuelas rabínicas de iniciado a iniciado.

Los tiempos están bastante maduros para que se pueda hablar de ello. La invención de la imprenta ha consentido la difusión de los conocimientos esotéricos.

En el Medioevo, cuando la conciencia de los individuos estaba a un nivel bajo, la información era privilegio de aquellos pocos que «buscaban». Hoy en día, con la toma de conciencia de la Era de Acuario, la información es un libro abierto, disponible para cualquiera. No hay por qué tener miedo a la divulgación de determinados secretos, pues el secreto se defiende solo. Para penetrarlo es preciso conocer sus códigos, de otro modo, resulta imposible.

Acerca de los nombres secretos de los ángeles cabalísticos hablaremos más adelante en un capítulo a propósito. Volvamos ahora a nuestros Arcángeles.

La tradición cristiana, como hemos visto, no ha aceptado ningún nombre que no fuera explícita y no «ocultamente» revelado en las Escrituras.

Cuando otros nombres se han introducido en los rituales, han surgido enseguida problemas con las jerarquías eclesiásticas, dispuestas a lanzar anatemas contra quienes osasen salirse de las filas.

Miguel

2) La predilección de los humanos en relación con Miguel, familiarmente llamado San Miguel Arcángel, se debe probablemente a que se le atribuye uno de los cometidos más importantes, el de la lucha contras las Fuerzas del Mal. Miguel es el que protege a los creyentes, libera sus casas, destruye las obras de magia negra y sortilegios; desempeña claramente una función insustituible, por tanto es un colaborador amado y venerado, tanto por los humildes que se sienten protegidos, como por los poderosos que se identifican con él ...

El hecho de que en el transcurso de los milenios le hayan sido dedicadas iglesias y catedrales no significa que Miguel sea el ángel más importante de toda la jerarquía, más bien está aún muy cercano a la esfera humana. Muchas otras y ¡cuántas! son las Santas Criaturas delante del Trono de Dios, pero ninguna escritura oficialmente aceptada por el Cristianismo nos ha transmitido sus nombres. Para encontrarlos nos tendremos que adentrar en la sagrada ciencia de los Rabinos; eso lo haremos más adelante teniendo siempre en cuenta que el culto de los ángeles se inició en las Sinagogas para luego pasar al Cristianismo.

Rafael y Gabriel

3) Sobre Rafael y Gabriel se han dicho muy pocas cosas. Aparte de las escuetas líneas en las que nos hablan de ellos en las Escrituras, la mayoría de la gente conoce verdaderamente muy poco sobre ellos. Y sin

embargo, son portadores de dones inmensos para el género humano...

Con estas líneas, con mi pequeñísima aportación, quisiera ofrecer mi tributo en clave moderna, visto que comienza una Nueva Era. A las noticias que ya poseemos quisiera añadir alguna otra, poco conocida, pero no menos interesante.

Con todo el respeto a la Iglesia Católica, a la que pertenezco por cuanto fui bautizada en Cristo, puesto que no estoy obligada por votos de obediencia y corrección, me siento libre en mi conciencia y con serenidad de espíritu para examinar conocimientos distintos.

Aun considerando fundamentales las tradiciones antiguas y nuestras Sagradas Escrituras, con la máxima apertura mental y apoyada por el convencimiento de que Dios Padre es padre de todos, no desdeño examinar con respeto las Sagradas Escrituras de otros pueblos, los conocimientos astrológicos, teosóficos, los recientes movimientos acuarianos, nacidos de una profunda necesidad de renovación espiritual.

He confrontado conocimientos, religiones y cultos distintos del cristiano y, en todos, créanme, aparecen los mismo ángeles, empujados por la misma amorosa fraternidad hacia el género humano. Los ángeles son los mismos, los nombres que el hombre les atribuyen, cambian, ¡sólo los nombres!

Desde lo alto de su posición de Luz, los ángeles nos perciben como un único conjunto de criaturas al que proteger y guiar, hijos todos de un único Dios del cual ellos mismos provienen...

Veamos ahora, singularmente, los perfiles de los tres Arcángeles principales, aportando noticias sacadas de muchas fuentes, entre las cuales la de la astrología tradicional.

Miguel, el Sol

Bellísimo, resplandeciente de luz, rodeado de victoria, es el «Arcángel Solar» por excelencia. Viste la coraza y blande la espada con la que ha derrotado al eterno enemigo: Satán, representado casi siempre como una serpiente o como un dragón que se arrastra.

De hecho, en la tradición, Miguel, el guerrero, el protector de las insidias que provienen de las fuerzas Oscuras, es la roca fuerte de la luz, el baluarte en la confrontación con las tinieblas. Su espada llameante, además de traspasar al dragón, parte la oscuridad, derrota a las tinieblas y devuelve a sus protegidos el consuelo de la Luz..

Representa el Sol en su pleno dominio, a lo largo del arco resplandeciente de su recorrido, de las primeras luces del Este hasta el último rayo del Oeste, antes de que llegue la noche.

En la interpretación cabalística del árbol de la Vida (o árbol de las Sephiroth) Miguel corresponde a Tipheret, la sexta sephira, la belleza.

En el plano humano, el arcángel Miguel ayuda a conseguir el éxito, la afirmación, facilita la lucha para superar los obstáculos. La tradición lo asimila a todo lo que concierne a la Potencia en todos sus aspectos positivos.

Es invocado con centenares de fórmulas para la protección contra los sortilegios y las magias negras.

Como ángel Solar, domina la constelación del León pero siendo también Señor del elemento Fuego, extiende su protección a la tríada zodiacal del fuego: Aries, Leo y Sagitario.

La Biblia menciona a menudo su nombre y en la imaginación humana su imagen es asociada a la criatura llameante del ángel de la Luz. Se quiebran las tinieblas con su llegada, y el enemigo, agazapado en la sombra, es afrontado y derrotado.

El suyo es el importante papel de jefe de los ejércitos Celestes, el vencedor de la Bestia, el vencedor por excelencia de todas las batallas. Esta apariencia suya de guerrero victorioso e invulnerable le asegurará la gran benevolencia de parte de todos los ejércitos, soldados y reyes de todas las épocas.

Los soldados lo ven como un aliado y protector, militante, como ellos, bajo una bandera. Los Poderosos, los caudillos de ejércitos, los reyes se identifican con él, jefe supremo de la Milicia Celestial, emperador de los ejércitos de Dios. ¿Quién podría elegir un aliado mejor?

Prueba evidente de que Miguel está destinado a encabezar, como se dice hoy, todas las listas de máxima popularidad.

Pero volvamos al lejano pasado. Hacia el 313, el emperador Constantino le tributa un culto intenso. A decir verdad, este personaje es bastante dudoso.

Como todos sus predecesores, después de Nerón, Constantino fue un feroz masacrador de los Cristianos. Se convierte después de haber tenido una gran visión. Una cruz llameante se le aparece en el cielo con una inscripción: *In hoc signo vinces* (con este signo vencerás). Estaba a punto de empezar a luchar contra el ejército del emperador Masencio; la tradición cuenta que esto ocurrió en las laderas del monte Musiné.

No se especifica si fue Miguel quien le pasó la información, pero Constantino, que fue un pagano arrogante y sobre todo supersticioso, olvidando el odio con que había martirizado a tantos Cristianos, justamente en nombre de aquella Cruz, decide aceptar el consejo del cielo. Hizo señalar con la cruz todas las armas, los carros y los estandartes y, como era previsible, vence en la batalla.

Tocado en lo vivo, como Pablo en Damasco, Constantino ordena de inmediato que cesen las persecuciones contra los Cristianos, con gran alegría de su madre, aquella santa mujer que fue la emperatriz Elena (que después será santa de verdad).

Después de este episodio, el emperador fue catequizado y, de ese día en adelante, casi nunca se desviará del recto camino. Entre sus buenas acciones, aunque no está claro si dictadas por su fe o por el interés personal de alcanzar victorias en los combates, hizo construir en Constantinopla un gran santuario, enteramente dedicado al arcángel, el Micheleion, poniendo a la ciudad bajo su celeste protección.

Pronto fueron quince las iglesias de la ciudad construidas en honor de Miguel...

Desde el mundo bizantino, el culto del Arcángel Miguel se extiende rápidamente por todas partes, acrecentado sobre todo por la popularidad que goza entre los soldados.

En el 490, en Italia, inicia una serie de acontecimientos milagrosos en el Gargano que culminarán con la aparición del Arcángel al arzobispo Lorenzo de Siponto. Pide que se le construya un santuario en una gruta inaccesible. Es muy explícito:

«Yo soy el Arcángel Miguel y estoy siempre en presencia de Dios. La caverna es sagrada para mí, es mi elección; yo mismo soy su custodio vigilante... allí donde la roca se parte serán perdonados los pecados de los hombres [...] Lo que aquí se pida con la plegaria, aquí será concedido.»

Pero la empresa es muy difícil, aquella caverna está colocada en una posición imposible de construir nada dentro. El obispo se toma tiempo, el ángel no.

Tres años más tarde, Miguel vuelve a aparecer. Avisa que ese lugar ha sido consagrado por él mismo y que los cultos pueden empezar sin esperar más.

Monseñor se traslada a la gruta y, con gran estupor, encuentra un altar de mármol, ya preparado, recubierto de un velo rojo «descendido del cielo». Sobre el bloque de mármol está impresa la huella de los pies del ángel. El lugar fue denominado «Celeste Basílica» y los cultos se iniciaron de inmediato. Todavía hoy el Monte Sant'Angelo sobre el Gargano es meta de continuas peregrinaciones, motivadas por una devoción muy grande.

El lugar es sugestivo, misterioso; allí se percibe claramente la presencia de una gran angelicalidad que indudablemente jamás ha abandonado el lugar.

Otra gruta, muy semejante por historia y estructura, se encuentra en Sant'Angelo Fasanella, un pueblecito de la provincia de Salerno, enquistado sobre los montes Alburni, cerca de Paestum. También aquí el ángel se aparece dejando impreso el calco milagroso de sus alas en la pared rocosa de la gruta. También este es un lugar fuertemente sugestivo, pero casi desconocido del público. Además, la carretera por la que se llega allí es empinada y carente de señalizaciones.

Sospecho que grutas de este género hay muchas en Italia, y la mayoría conocidas solamente por las personas del lugar.

Volviendo al siglo v, el culto al ángel se difundió muy velozmente. En las Galias, en Lyon, en el año 505 se le dedicó una gran basílica.

Hacia finales de siglo vii, la devoción a San Miguel está muy viva en el corazón de los reyes merovingios y de los principes carolingios. Carlomagno le consagra todo el imperio.

Este «patronato» será mantenido por todos los reyes de Francia, hasta Luis XIII.

Rafael - Mercurio

Es el arcángel que desde los tiempos más antiguos tiene en custodia la facultad de curar. Modernamente su dominio se ha extendido a la medicina, la farmacología y la química. En la práctica es el Arcángel inspirador de la ciencia aplicada al hombre, sobre todo la investigación científica.

Se habla de ello en el Antiguo Testamento, cuando Rafael, camuflado como un ser humano cualquiera se le apareció al joven Tobías y le acompañó y protegió en un viaje largo y lleno de peligros.

El padre de Tobías es ciego, y más adelante, Rafael (que ha declarado llamarse Azarías) da instrucciones precisas al joven sobre la preparación de una medicina particular, sacada de los interiores de un pez: «Ábrelo y quítale la hiel, el corazón y el hígado, y guárdalos; arroja, por el contrario, los intestinos».

Tobías no tiene conocimientos terapéuticos y pregunta al «forastero» sobre la utilidad de conservar estas partes, por cierto no las más nobles.

«Azarías, hermano, ¿qué remedios puede haber en el corazón, en el hígado y en la hiel del pez?»

El ángel conocía lo que ocurriría después y le respondió así: «Con el corazón y el hígado, puedes hacer sahumerios en presencia de una persona, hombre o mujer, poseída por el demonio o por un espíritu malo y cesará en ella toda vejación y no quedará traza alguna. La hiel, por el contrario, sirve para aplicarla sobre los ojos de alguien afectado por enfermedad en la córnea. Se sopla sobre las manchas y los ojos curarán». (Tobías. 6,4)

El viaje será todavía largo. El ángel conoce cosas desconocidas por el muchacho. Tobías no sabe que se casará con una muchacha en una ciudad lejana, una muchacha perseguida por el mal demonio Asmodeo, que ha matado a sus primeros siete maridos antes de que pudiesen sólo acercarse a ella.

Cuando se realizaron los proyectos divinos, la noche de bodas, Tobías temió ser asesinado como los otros, pero los sahumerios sugeridos por el misterioso acompañante, liberaron a su esposa:

«El olor rechazó al demonio que huyó a las regiones del Alto Egipto. Rafael se acercó allí al instante y en aquel lugar lo encadenó con cepos.» (Tb. 8,3)

Vuelto a casa con su esposa, Tobías aplicó el ungüento obtenido del pez sobre los ojos de su padre, sopló como le había instruido el ángel y el viejo recuperó la vista. Será este suceso el que consagre a Rafael como numen tutelar de la medicina.

La tradición cabalística ha asociado a Rafael con el planeta Mercurio, del cual es Arcángel dominador.

También para los griegos, Mercurio era el señor de la medicina, pero descubriremos que es una relación que funda sus raíces en la antigüedad más remota.

En las representaciones más antiguas, también cuando su nombre era distinto, Mercurio tiene en la mano una varita, en la cual se enroscan dos serpientes; un toquecito suyo con esta varita tenía un inmediato efecto curativo. El significado oculto es muy interesante: la varita representa la espina dorsal del hombre. Las dos serpientes (Ida y Pingala para el hinduismo), son los dos sistemas nerviosos llamados vago y simpático.

El punto del que parten las serpientes tocándose con las colas, es Kundalini, en el coxis, la sede de la energía vital. A través de siete espirales (los siete chakras), las dos serpientes se miran de frente en lo alto, pero no se tocan. Este símbolo era tan conocido y venerado en la antigüedad que ha llegado intacto a nuestros días y es el símbolo con que se adorna la orden de los médicos, la de los farmacéuticos y el también averiado servicio sanitario nacional (que necesita verdaderamente una intervención divina).

Antes de ser venerado por los romanos como Mercurio, o por los griegos como Hermes, era muy conocido como Hermes Trimegisto (tres veces grande), a su vez heredero de los cultos egipcios donde tuvo por nombre Thot. Thot fue venerado durante milenios en

Egipto, como el dios de la sabiduría, del conocimiento, el que enseñó a los hombres la escritura y todas las ciencias. A él se le atribuye la redacción de la llamada *Tabla Esmeralda*, las leyes inmutables de la magia, aún hoy no superadas.

Los nombres cambian según los pueblos y las culturas, pero la función de la divinidad permanece inmutable. En el transcurso de algún milenio, el Deva dominador de la medicina, de la inteligencia y del conocimiento ha cambiado de nombre cinco veces, sin contar algunos siglos en los cuales fue venerado como Asclepio o Esculapio.

En la tradición cabalística hebraica, a Rafael, dominador de la esfera de Mercurio, se le asocia la octava Sephira, HOD, el esplendor. Siempre según esta tradición, Rafael, el «médico divino» pertenece a los Ben Elohim, los Hijos de Dios, los Arcángeles del viento, de la respiración, del Espíritu Santo.

Sea cual sea el nombre que las varias tradiciones le han asignado, la angelicalidad, inmutable durante millares de siglos, antigua como el tiempo, ha estado siempre ahí, envuelta en el nombre secreto con el que la Divinidad Absoluta la ha creado; pero siempre dispuesta a responder a las llamadas que le llegan de cualquier parte. Cuando los hombres hayan comprendido esta simple verdad, cesarán de masacrarse en nombre de sus religiones.

Rafael es el arcángel jefe de las innumerables legiones de ángeles sanadores, acaso los más vecinos a nosotros, aquellos que más podrían ayudarnos. Bastaría solamente con tener la humildad de pedir su intervención, pues su misión, o más rígidamente la ley a la que obedecen, es la de dispensar la energía sanadora. Los hombres no lo han entendido aún, y la preciosa energía que podría ayudarles permanece casi inutilizada, contenida en remolinos violetas entre las manos de estas criaturas.

Rafael es además el guardián de la investigación científica, de los conocimientos aplicados a la materia. Este gran Ser conoce cosas que para los hombres serán aún desconocidas por milenios. Cuando llegue el momento hará descender, por medio de sus legiones, ideas e intuiciones en la mente de individuos predispuestos.

Si el corazón y la mente de los científicos, de los médicos, de los investigadores estuviesen abiertos a esta realidad, Rafael podría hacer confluir sobre ellos estos dones de conocimiento que puede hacer llegar sólo gota a gota. Si en verdad es tan difícil para los hombres de ciencia creer en la existencia del ángel, prueben al menos a dejar abierto un pequeño portillo a la posibilidad, a la trascendencia. Prueben, al menos, a enviar una sonrisa afectuosa, no despreciativa, hacia esta gran Energía de poder y de conocimiento. Prueben, en el secreto de su corazón, donde nadie viene a apuntarles con el dedo o a reírse de ellos, prueben a dejar una pequeña posibilidad a lo maravilloso y a lo imponderable que, como bien saben los investigadores, aletea siempre, inalcanzable, en torno a cada microscopio...

Rafael es el dominador de la constelación zodiacal de Virgo. Según la astrología tradicional, Virgo está dominada por Mercurio, y bajo este signo tenemos los mejores custodios de la salud, enfermeros, farmacéuticos, investigadores, científicos.

Siempre el Arcángel Rafael - Mercurio es el custodio de la inteligencia, de la investigación científica y de las indagaciones. Pertenece al elemento Tierra y como tal domina también la Tríada de los signos que a ella pertenecen: Virgo, Tauro y Capricornio.

La influencia de Rafael es fortísima, también en la constelación de Géminis, dominados ellos por Mercurio. En este signo estimula la facultad intelectiva, pues los Géminis son poco propensos al sacrificio y al espíritu de servicio activo que está, por el contrario, muy desarrollado en Virgo.

Gabriel - Luna

El dulcísimo Arcángel Gabriel ha tenido siempre, en el ámbito de las Sagradas Escrituras, incluido el Corán, el deber de anunciador, mensajero y divulgador frente a la humanidad necesitada de la Palabra de Dios.

Las Escrituras hablan de distintos embajadores que aparecen, según el tipo de mensaje que lleven. Gabriel se manifiesta para anunciar preferentemente la encarnación y el nacimiento de niños muy especiales.

Su papel está particularmente asociado al ámbito de la maternidad. Los nacimientos anunciados por Gabriel no son nunca comunes, ocurrirán siempre en una atmósfera de prodigio y los niños que nacen tendrán delante de sí una gran tarea que desarrollar.

Gabriel se aparece a Abrahám para anunciarle que Sara, su mujer, ya avanzada en años y considerada estéril, le dará el hijo que ha esperado en vano toda su juventud, y que de este hijo nacerá un pueblo elegido.

Sara, incrédula, ríe, y el ángel la dejará muda hasta el momento del parto.

Gabriel regresa a la Tierra siglos después, para anunciar a una joven virgen el nacimiento de un hijo que tendrá por nombre Jesús, un nacimiento destinado a cambiar la historia de la humanidad, nacimiento esperado y profetizado por todas las Sagradas Escrituras de los siglos precedentes.

Un nacimiento que tuvo sin aliento a todas las muchachas de Israel, puesto que se sabía que una de ellas iba a ser la predilecta y que iba a dar a luz al Mesías. Cada una tenía el derecho a esperar...

En el mismo período, Gabriel se aparece a Zacarías, sacerdote del templo, marido de Isabel que es prima de María. También Isabel es de avanzada edad y estéril, y también Zacarías, habiendo visto con sus propios ojos al ángel: «De pie, a la derecha del altar del incienso», duda en creer en esta paternidad extemporánea.

Incluso con él el ángel tiene un impulso de impaciencia: «Yo soy Gabriel, que estoy delante de Dios y he sido enviado para hablarte, pero he aquí que tú no has creído en mis palabras y no podrás hablar hasta el día en que estas cosas sucedan». Y también Zacarías se quedó mudo (Lucas 1,19).

Además del papel de anunciador, Gabriel parece tener un menester importante en la protección de los niños «especiales» que ha acompañado del cielo al vientre de las madres.

Detiene la mano de Abraham cuando está a punto de sacrificar al pequeño Isaac. Hace surgir el agua para aplacar la sed del pequeño Ismael en el desierto. Avisa a José para que se levante y huya con el niño pues

Herodes lo busca para matarlo. Pero Gabriel ya no estará para proteger a los millares de niños que, sin ninguna culpa, fueron asesinados por la soldadesca que buscaba a Jesús. Misterios del karma...

Según la Cábala hebraica, Gabriel, «El hombre-Dios», está asociado a la novena Sephira: YESOD, el Fundamento.

La astrología esotérica ve al Arcángel relacionado con la esfera lunar y con el elemento Agua, del signo Cáncer.

Es el agua de la gestación, en la que se desarrolla el germen divino que se encarnará en cada embrión humano. Naturalmente, es una agua simbólica, que no pertenece a la dimensión física sino a los planos astrales superiores. Es el agua a través de la cual se entrevé el futuro, el elemento que consiente a la mente humana llegar a la intuición. Es la precognición que hace surgir la genialidad y los descubrimientos científicos o la creación de una obra maestra en el arte.

Gabriel es el custodio de la creatividad expresada en todos los campos del conocimiento humano; es el que abre la mente del hombre a la comprensión del genio y de la belleza; el que hace «concebir» las ideas, pues a él atañe todo lo que concierne la concepción, tanto en el plano físico como en el abstracto.

Gabriel, por tanto, actuando a través de las Legiones de sus ángeles, extiende su dominación incluso sobre todo lo que concierne a la creación física y espiritual de un nuevo ser.

En el momento de la concepción, sus legiones de Devas, constructores de la forma, descienden en la materia; guiarán el proyecto físico de las células que se van agregando en el vientre materno para plasmar a un hombre.

Otra criatura de sus legiones celestes acompañará hacia el embrión físico al espíritu que deba encarnarse. Permanecerá toda la vida junto al nuevo nacido, haciéndose su custodio... Tal vez el gran Arcángel se moverá «personal-mente» para escoltar a una Gran Entidad cuando ésta deba entrar en un cuerpo físico para encarnarse en la Tierra.

Existe una interesante teoría según la cual fue el mismo Gabriel quien tomó «posesión» en la Anunciación del cuerpo de María. Esto ocurrió, pues, porque ninguna criatura humana, aun siendo virgen, podía tener una vibración física tan alta y pura como para resistir la encarnación de un Ser tan elevado como Cristo. La vibración del Arcángel se sobrepuso a la del cuerpo físico de la joven por todo el tiempo necesario para la gestación, preparando una estructura adecuada a la divinidad que se encarnaba.

Los otros comunes mortales, sea cual sea su religión, fe, raza o color, sean buenos o malos, futuros santos o individuos perversos, todas las criaturas que han nacido o nacerán sobre nuestro planeta, realizan su viaje del mundo espiritual al físico guiadas por ángeles sometidos a Gabriel, y que permanecerán siempre a su lado. De Gabriel, pues, dimanan las infinitas legiones de los ángeles custodios, los pacientes ayudantes del género humano. Criaturas que ayudan en la evolución de nuestra especie pero que, a la vez, se desarrollan por medio de nosotros.

Dominador del elemento Agua, Gabriel extiende su influencia sobre Cáncer, Piscis y Escorpio.

ÁNGELES Y ASTROS

Una larga disputa

Siempre ha habido en todos los tiempos la tendencia a relacionar los ángeles con los astros, con los planetas, con las constelaciones.

Acaso porque el ángel, en cuanto criatura de Luz, proveniente de las profundidades de los espacios celestes, genera en la mente humana este tipo de asociación.

Cuando el ángel entra en el campo visual del hombre, inicialmente es como una estrella, un punto luminoso que poco a poco crece en intensidad hasta que se manifiesta. Y después, acabada su misión, ¿donde puede «habitar» el ángel, como no sea en una de las estrellas del firmamento?

De ese modo al ángel se le identifica con el mismo cuerpo físico de la estrella o del planeta, hasta asumir su tutela y control oculto.

El ángel que la tradición asigna a Venus, por ejemplo, con el transcurrir de los tiempos y con el cambio de la cultura ha sido asimilado en la mitología, y para los humanos se convierte en la misma diosa Venus.

Pero, ¡atención!, siendo como es una criatura graciosa y disoluta, que mantuvo amoríos con todo el Olimpo y con los mortales, no tiene nada que ver con el Arcángel dominador del planeta Venus.

Igual que el poderoso Júpiter, también alegre y disoluto que, siendo una criatura de la mitología, que incorpora en sí las características del arcángel dominador del planeta Júpiter, de ninguna manera, sin embargo, es el Arcángel. El mismo discurso vale para Marte, Mercurio, Saturno, etcétera; hemos encontrado los nombres de los Logos Planetarios en el capítulo precedente en el que el planeta Mercurio no está dominado por el dios Mercurio sino por otra divinidad.

Toda la mitología griega tiene un discurrir particular, una mezcla inextricable entre visiones, conocimiento, fantasía y realidad.

Perennemente en movimiento ante el Trono de Dios, o en el puesto que le ha sido asignado, al ángel lo hemos imaginado como el «motor» que guía el movimiento mismo de los astros.

En la concepción primitiva del universo, nada podía moverse por propia voluntad, a no ser movido y transportado por la voluntad divina, personificada por el ángel, que se convierte en su ejecutor.

Los textos bíblicos hablan a menudo de la mutua relación entre ángeles y astros. La idea de que estrellas y planetas fuesen seres animados y, aún más, criaturas inteligentes, animó la especulación del universo concéntrico de Platón, y también del universo geocéntrico de Aristóteles, desarrollándose sucesivamente en un debate de largo alcance que tuvo sostenedores y detractores no sólo entre los filósofos.

Filón Alejandrino, que fue sostenedor de esta teoría, no supo a veces qué posición tomar, y por lo demás no es fácil para un hombre emitir un dictamen definitivo sobre cuestiones extra humanas. Para los padres de la Iglesia, por el contrario, resultó facilísimo.

El dilema sobre los astros «animados» durará largo tiempo, hasta Santo Tomás, quien, después de haber examinado las varias posiciones concluirá que esta tesis no se contrapone a la fe cristiana.

De parecer totalmente distinto son, por el contrario, San Agustín y San Gregorio, quienes declararán que «cuerpos celestes se pueden considerar movidos por criaturas espirituales que se llaman ángeles o inteligencias o intelectos separados». ·

Los siete espíritus planetarios

El vínculo entre ángeles y planetas persistirá en el culto de la Iglesia, aunque con diversa fortuna.

Antiguamente se veneraban siete grandes ángeles, denominados a veces «Los siete ojos del Señor» o «Los Siete Tronos», e incluso «Las siete luces ardientes», o también «Los siete Regentes del mundo», identificados casi siempre con los siete planetas. Aún no se suponía que existieran otros; serán descubiertos muchos siglos después.

Fue el arcángel Rafael quien habló de los siete ángeles. Lo hará al revelar su verdadera identidad a Tobías. Rafael se le había presentado con la apariencia de un común mortal, diciendo que se llamaba Azarías, hijo de Ananías. Al momento de despedirse, se manifiesta así al joven: «Yo soy Rafael, uno de los siete ángeles que están siempre listos para estar ante la majestad de la presencia del Señor» (Tb. 12,5).

Por lo demás, ni en aquella ocasión ni en otras, el ángel reveló más su nombre.

Encontraremos en otras escrituras no cristianas, el nombre del ángel Azariel (ayuda de Dios) y Ananael (gracia de Dios).

Durante muchos siglos, la Iglesia mantuvo el culto de los siete ángeles. Ellos poseían nombres ocultos que no podían ser pronunciados, de lo que hablaremos más adelante, y nombres «canónicos» con los que se les mencionaba en los misales.

Los nombres «consentidos» y sus atributos son los siguientes:

MIKAEL: *Qui ut Deus*, el Igual a Dios
GABRIEL: La Fuerza (o la Potencia) de Dios
RAPHAEL: La Virtud divina
URIEL: *Lux et Ignis*, la Luz y el Fuego de Dios
SCALTIEL: la Palabra de Dios.
JEHUDEL: la Gloria de Dios
BARCHIEL: la Beatitud de Dios.

Por lo que concierne a los nombres «ocultos», después de una investigación muy compleja por muchas fuentes distintas, he logrado especificar dos tradiciones distintas, ambas atendibles, aún sin tener la certeza absoluta de que los Nombres de Potencias sean propiamente aquellos. Según los Cabalistas, los siete dominadores planetarios son:

URIEL - RAPHAEL - RAGUEL - MICHAEL - SURIEL - GABRIEL - YERACHIEL.

Otra fuente, muy interesante, proviene de los textos de los Sabeos de Harran, una secta religiosa en la cual confluyeron, como en mezcla de alquimista, los cultos asiro-babilónico, los influjos de la Grecia clásica y, en fin, el filón estoico-hermético.

Las noticias principales nos llegan a través de los escritos del docto Tabit Ibn Qurra, que vivió entre el 826 y el 901.

Esta religión logró sobrevivir, manteniendo su propia identidad hasta bastante después de la conquista por parte del Islam. Hasta el siglo XI los musulmanes acosaron fieramente a los Sabeos, considerándolos idólatras y paganos en un mundo sometido casi completamente al Corán. La acusación que se atribuye a la Iglesia Católica era de venerar a los espíritus planetarios igual como lo hacían los Sabeos.

Es posible que, con la mezcolanza de culturas, tradiciones y filosofías que tuvo lugar con las Cruzadas, algo se nos haya filtrado. Tengamos presente que los cultos antiguos, sobre todo los de las masas, no eran tan transparentes. Talismanes, amuletos, simulacros que rememoraban los influjos idólatras del paganismo se entretejían diariamente en las plegarias aun entre los más devotos fieles de la religión de Cristo.

La Iglesia de los orígenes debió de perseguir ferozmente estos usos paganos. Talismanes a los que se atribuían virtudes sanadoras tenían con frecuencia nombres de ángeles. Los obispos de la Frigia tenían un gran trabajo disuadiendo a sus catecúmenos.

Y sin embargo, el pueblo no tenía toda las culpa: el misterio de la curación siempre ha estado confiado al ángel Rafael y, antes que él, a Mercurio, y antes aún, a

Asclepias, y, todavía más atrás en el tiempo, a Thot y a Isis, la Misericordiosa...

Pero volvamos a los espíritus planetarios de los Sabeos y a sus muy misteriosos nombres.

ISBAL: es el ángel de Saturno, su color es el negro, el metal dominante, el hierro.

RUFIYAEL: es el ángel de Júpiter. Su color es el amarillo, domina el cristal de roca (cuarzo).

RUBYAEL: es el ángel de Marte, relacionado al color rojo, influye sobre el cobre.

SAMS: es el ángel del Sol, coronado de oro y de brocado.

BITAEL: es el ángel de Venus, relacionado con el blanco, él también ama el oro.

HARAQUIEL: es el ángel de Mercurio y magnetiza tanto el verde como el azul.

SYLIAEL: es el ángel de la Luna, representado como un jovencito de vestimentas inmaculadas.

El caso «Uriel»

Volviendo a los cultos católicos, hubo en el 745 un «incidente diplomático», en el cual se vio envuelto un arzobispo muy famoso, Adalberto de Magdeburgo.

Fue acusado de realizar obras de magia evocando a los «siete Espíritus», entre ellos el de Uriel, que le había ayudado a producir grandes fenómenos.

El papa Zacarías, en un Sínodo diocesano, condenó a Adalberto y le suspendió de su ministerio. La ira de los obispos fue desencadenada por una oración «milagrosa», ideada por él, que, junto a los nombres ya conocidos de Miguel, Rafael y Uriel, incluía nombres de ángeles «sospechosos»: Raguel, Tubuel, Ineas, Tubuas, Sabaoc, Siniel. ¿Serían estos los nombres misteriosos?

En las actas de aquel Sínodo se confirma que en las Sagradas Escrituras sólo son conocidos tres nombres de ángeles, los ya mencionados Miguel, Gabriel y Rafael; se considera por tanto que los otros ángeles invocados en la oración de Adalberto serían auténticos demonios. Esas oraciones fueron cuidadosamente borradas. El pobre Uriel fue objeto de una meticulosa inquisición, hasta el punto de poder acabar muy mal . De eso se libró por los pelos, puesto que la Iglesia decidió que existían dos Uriel: uno era el inmaculado compañero de Adán de antes y, después de la caída, el Uriel de siempre.

Existía, sin embargo, un segundo Uriel, un demonio pérfido que hubiera accedido gustosamente a las peticiones del obispo-mago Adalberto.

A pesar de esto, parece que el culto a los «siete Espíritus» no iba a disminuir. En el 789, una norma capitular de Carlomagno insiste en prohibir que en la Capilla Regia de Aquisgrán sean introducidos en el culto litúrgico nombres de ángeles, fuera de los tres ya conocidos.

Carlomagno era un emperador excepcionalmente devoto, no se entiende, pues, lo que pasaba en el interior del país... La cuestión, de todos modos, sigue en pie, más complicada que nunca. Siglos después, el famoso dominico padre Gastaldi, excelente escritor y despiadado inquisidor, escribió en su libro *De Angelis*

El ángel que luchó contra Jacob (*Génesis* XXXII - 23, 31)

que la veneración a los siete Espíritus en el ámbito de la Iglesia Católica había sido siempre legítima en todos los tiempos y que era necesaria para el sustento moral y la fe de los Hijos de la Iglesia. Y los siete nombres de momento se quedan en los misales.

En Roma, en el 1561, después de repetidas apariciones e insistentes requerimientos de los ángeles mismos, el papa Pablo IV decide construir una iglesia en su honor: Sin reparar en gastos, convocó en el Vaticano a Miguel Ángel, aceptó su espléndido proyecto y, en el plazo de tres años el «templo de los Siete ángeles» fue consagrado y abierto al culto.

Pero algo no andaba bien. Más o menos cien años después, el cardenal Albicio mandó borrar, de improviso, los nombres que adornaban el fresco sobre el altar mayor. Poco tiempo después los mismos nombres desaparecieron de los misales en uso para las «Vísperas de los Siete». En 1825, por intercesión de un Grande de España y del arzobispo de Palermo, el papa León XII reinstauró el servicio religioso en su honor.

Además, cuando el papa Pío V consintió que España celebrara este «servicio divino», los jesuitas estuvieron particularmente contentos puesto que atribuyeron su éxito en la evangelización de Filipinas a la ayuda prodigiosa recibida de estos ángeles.

Pablo V, en su Bula, no parece tener ninguna duda:

«Nunca se podría exaltar demasiado estos Siete Rectores del mundo, representantes de los siete planetas... Ha sido un consuelo y una señal de buen augurio para este siglo que, con la gracia de Dios, el culto de estas siete luces ardientes, de estas siete estrellas, está recobrando su esplendor en la república cristiana.»

Más adelante, sin embargo, este culto vuelve a ser puesto en discusión. Los Académicos de Francia lanzan, a menudo, a los católicos, la acusación de venerar a las estrellas. Estas acusaciones, que esconden una sutil ironía por parte de los científicos, son una espina en el costado para el acreditado marqués de Mirville, autor de *Pneumatologie des Esprits* y del aún más sutil *Les Esprits avant la Chute*.

Aunque académico de Francia, no se atreve a contradecir a la Iglesia. Interviene en el debate. Su contestación, más que aclarar, parece un obra maestra de diplomacia...

«Nosotros estamos acusados de tomar las estrellas por ángeles. La acusación está ganando una notoriedad tan vasta que nos vemos obligados a contestar muy seriamente.

»Es imposible tratar de disimularla sin perder la franqueza y el coraje, dado que este pretendido error viene repetido incesantemente en las Escrituras y en la Teología. Examinaremos esta opinión hasta ahora muy acreditada y hoy desacreditada, la cual atribuye justamente a nuestros Siete Espíritus principales el gobierno, no de los siete planetas conocidos por lo cual se nos acusa, sino de los siete Planetas Principales, que es algo totalmente distinto.»[1]

A nosotros, comunes mortales, no teólogos, ni tampoco «críticos» en angelología (¡sí, también existen!) esta diferencia no nos parece clara, pero no vamos a discutirlo ahora...

---

1. *Raya Yoga u Ocultismo.* H. P. Blavatsky, Ed. Astrolabio, Roma 1982.

ÁNGELES Y ASTROLOGÍA

Una «Summa Theorica»

En las páginas que sigüen, he hecho confluir tradiciones muy distintas, una mezcla de astrología, teología y pensamiento esotérico, visto con los ojos de la *New Age*. Los ángeles tienen un papel de Dominadores planetarios, muy parecido al de los planetas, entendidos en el sentido clásico de la astrología o de la mitología.

Pero, cuidado, no tengamos mucha prisa en hacer comparaciones; se trata de astrología oculta, un tipo de información que se propaga de modo muy reservado entre los «entendidos».

En este caso, he hecho una síntesis entre muchas fuentes distintas. La enseñanza ha sido simplificada, puesta en términos modernos, y sin embargo, contiene lo mejor de la tradición iniciática.

En el Medioevo, Tomás de Aquino sintió la necesidad de volver a examinar todos los textos de los Padres, Doctores y Sabios de la iglesia. De ello nació la: *Summa Theologica* que era el resumen de la situación.

Me divierte pensar que las interpretaciones examinadas en estas páginas son una «Summa Theorica», en la que se ha vuelto a leer y comprobar a los Padres del esoterismo antiguo y moderno, en lugar de a los Padres de la Iglesia. Se examina a los ángeles según sus atributos tradicionales, los significados cabalísticos (sólo para algunos), las semejanzas astrológicas y sus campos de intervención y de dominio.

Ángeles y planetas

Según hemos visto, la tradición confía los planetas a un ángel Dominador. Y a cada ángel se le atribuye un nombre. Pero esto no significa que ése sea el «verdadero» nombre del ángel; cada tradición y religión tiene sus ángeles y no considera los nombres ni los ángeles de los demás.

Utilizaremos los nombres de la tradición cabalística y astrológica, sin olvidar que por aquel entonces Urano, Neptuno y Plutón no habían sido aún descubiertos como planetas. Sin embargo, la mitología los conocía perfectamente como divinidades, con sus funciones y sus menesteres. Probablemente por medio de la religión de aquel tiempo se enseñaban cosas que la ciencia aún ignoraba. Si es cierto, como lo es, que religión y mitología son de inspiración divina, el hecho de que anticiparan los conocimientos científicos no debería extrañarnos, si no darnos una prueba más.

En el capítulo Historia de los Arcángeles están las indicaciones relativas a SOL, LUNA y MERCURIO, puesto que el Sol está relacionado con el arcángel Miguel, la Luna con Gabriel y Mercurio con Rafael.

Es el Arcángel unido a la esfera de Venus. Es el que tiene en custodia todo cuanto existe de bello y de armonioso. Es el inspirador de los artistas, el que hace resonar en los oídos de los hombres más sensibles la armonía de las Esferas, para que sea escrita, bajo forma de música para ser escuchada por medio de los instrumentos en el planeta Tierra. La música, el color, la belleza, la armonía y la benevolencia serán los medios por los que el género humano evolucionará en los siglos venideros. Este procedimiento de evolución se inició con la Edad de Acuario, en el 1975, guiado e inspirado por los ángeles de Anael, que tienen esta misión específica para el género humano.

Del mismo modo son influenciadas el arte y la belleza, sobre todo el color y cuanto con el está relacionado.

La influencia que el arcángel venusiano ejercita a través de sus ángeles será siempre mayor en el transcurso de los años, y despertará en el corazón de los hombres el sentimiento de benevolencia. La finalidad será la de alcanzar el amor cósmico, que aún está muy alejado de la esfera de la comprensión humana.

Nuestra especie, que creemos tan evolucionada, vista desde lo Alto, parece apenas salida de la caverna, agresiva, litigiosa... Una raza sanguinaria que aún no ha aprendido los simples valores humanos de la hermandad y de la solidaridad. El trabajo de esta legión de arcángeles es aún muy largo y paciente...

Tenga presente el lector que a cada categoría de ángel de luz corresponde una jerarquía de ángeles exactamente iguales y exactamente contrarios que trabajan para fines opuestos. Una idéntica legión de ángeles oscuros trabaja contemporáneamente sobre el género humano para sembrar los efectos contrarios: desarmonía en los sonidos, en los colores, rabia, discordia, caos.

Cada criatura celeste, desde el más pequeño Deva de los reinos inferiores al más resplandeciente árcángel ante el Trono de Dios tiene su opuesto negativo.

Si extensas e innumerables son las legiones de los ángeles, de la misma manera tan extensas e innumerables son las legiones oscuras.

No debemos mantener hacia ellos sentimientos de odio o de rencor, de otro modo haríamos exactamente su juego. En la inmensidad de la creación y en la infinita sabiduría divina, cada cosa tiene su finalidad y su posibilidad de evolución. No es necesario ocuparse particularmente de ellos. En cuanto hombres tenemos ya una misión muy precisa que desarrollar; atengámonos a esto. Con ello tenemos ya bastante para estar ocupados en cada instante de nuestra vida...

Anael, perteneciendo a la esfera de Venus, domina la constelación zodiacal de Libra y de Tauro, pero influye positivamente en Acuario y Géminis.

Khamael- Marte

Es el arcángel dominador del planeta Marte. Por sus atributos de guerrero, en otros textos cabalísticos este papel viene asignado, a veces, a Miguel. Otros textos modifican levemente su nombre en Camael o también Samael.

Khamael (o bien Samael) en la tradición más rigurosa es definido como «la mano derecha de Dios» o también el ángel castigador, en cuanto que es él quien administra la justicia divina, inflexible en su misión. La Cábalá hebraica lo relaciona con la quinta Sephira: GEBURAH, la fuerza.

Es el observador imparcial de los trabajos del hombre, definido como el «Señor del Karma». De él dimanan las legiones de seres que «llevan los registros», la situación del Karma para determinar las pruebas que serán propuestas de nuevo a los humanos en sus futuras encarnaciones.

La tradición astrológica le atribuye todas las cualidades típicas de Marte: la fuerza, la combatividad, el valor, la decisión. Son los mismos atributos que los antiguos reconocían en la divinidad venerada con el nombre de Marte, señor de la guerra y de las armas, protector de los soldados y de los fabricantes de armas, del fuego y de la metalurgia.

Volvemos a repetir, de todos modos, que el Marte de los griegos no era, desde luego, el Arcángel dominador del planeta Marte. Fue la clarividencia pura de los mortales lo que les hizo comprender cuáles eran las características del Arcángel; después las atribuyeron a «su» Marte.

Khamael protege de los peligros derivados de los incendios, de las explosiones y de las armas. Da fuerza y decisión a los propósitos, sostiene la voluntad, protege (en los límites de su ministerio y del karma individual) a los caudillos, hoy diríamos a los que gobiernan las naciones.

Es el dominador del signo Aries.

Sachiel - Júpiter

Es uno de los Arcángeles egoístamente más invocados desde la antigüedad hasta nuestros días. Representa la opulencia, la majestad, la riqueza, el bienestar físico, el prestigio, el dinero.

En efecto, la antigua divinidad que en un tiempo tuvo como nombre Júpiter fue la más poderosa de todos los dioses, fue la que reinaba sobre el Olimpo y a la que las divinidades menores y los elementos estaban totalmente sujetos. Júpiter era representado sobre las nubes, asentado sobre un trono azul de zafiros, con un rayo en el puño como cetro. Sachiel, el Arcángel dominador del planeta Júpiter, gobernador del signo de Sagitario, no desdeña ayudar a los humanos para que obtengan el bienestar. Desempeña su ministerio de ángel «rico», dentro de los límites entre los cuales el karma individual le consiente intervenir.

Si en el karma de un hombre la riqueza se considera dañina para su evolución espiritual, si es una prueba que debe superar porque la ha vivido mal en una vida anterior, no habrá súplicas ni invocaciones que conmuevan a Sachiel o a cualquier otro ángel. Nadie, con excepción del propio interesado, con su voluntad, superando las pruebas que encontrará en su camino, podrá modificar su karma.

Sachiel y sus ángeles son los atentos dispensadores de la energía-dinero, puesto que el dinero, como la sangre, es una verdadera linfa vital. Su circulación debe tener lugar de modo equilibrado, como todos los líquidos en el interior del cuerpo humano, sin estancamientos, sin carencias, sin hemorragias.

Pero esto también es parte de los equilibrios divinos; nos estamos acercando a una era en la que el bienestar se manifestará a todos los niveles, desde la salud física a la del planeta, de la serenidad individual a la paz mundial.

Serán necesarios algunos siglos para conseguirlo, pero todo esto es parte del diseño divino de la Nueva Era a la que la humanidad debe llegar gradualmente en un futuro que ya ha empezado.

Cassiel - Saturno

El arcángel Cassiel es el dominador de la esfera de Saturno, el que ha realizado ya su plano evolutivo en una época muy lejana, la antigua edad del Oro o Era Saturniana, de la que los humanos no guardan ningún recuerdo.

Sólo los mitos y las leyendas nos hablan de una época lejana en la que los Dioses vivían sobre la Tierra, habitaban en templos espléndidos, y la humanidad-niña, sabiamente guiada, podía escuchar sus voces y contemplar sus rostros.

Después las cosas cambiaron: los dioses abandonaron progresivamente la Tierra para trasladarse a una dimensión menos violenta, más enrarecida.

Desde esta dimensión, las antiguas divinidades comunican aún con el hombre, pero ahora no directamente como antaño; necesitan de filtros e intermediarios, porque los ojos de los humanos, empañados, ya no pueden soportar el esplendor de su presencia.

Cassiel es uno de ellos (pero en definitiva, incluso

en diversa medida, todos los otros ángeles lo son). De su planeta frío y (teóricamente) lejano, Cassiel sigue con ojos amorosos a los ancianos, los que, como él, han llevado a cabo su tarea y asisten, como espectadores y no como guerreros al desarrollo de los acontecimientos.

Siempre bajo el dominio de Cassiel, denominado también el «ángel del Silencio», encontramos todo lo que está bajo tierra, minas, yacimientos, fallas telúricas, todo el reino mineral que silenciosamente y en tiempos muy largos evoluciona en la larga e incesante marcha «de las tinieblas a la Luz»,que por cierto es también común a todos los otros reinos, incluido el humano.

El nombre Cassiel ha sido dado por el director Wim Wenders a uno de los dos ángeles a los cuales ha dedicado su estupenda película *El cielo sobre Berlín*.

Indudablemente, Wenders conoce muchas cosas sobre los ángeles y seguramente mantiene con ellos una relación particular. Cuando un humano abre su mente hacia esos mundos, Ellos llegan y le apoyan de muchas maneras. En la película, en la que el otro ángel protagonista se llama Damiel, han sido claramente reveladas muchas verdades sobre el reino celeste. Cassiel, el verdadero, el Dominador de Saturno, rige la constelación del Capricornio pero también inspira el espíritu amoroso de Virgo.

Uriel - Urano

La relación entre Uriel y Urano en la tradición astrológica es bastante reciente, puesto que antiguamente se pensaba que los planetas eran sólo siete. Con los nuevos descubrimientos astrológicos se colmaron algunas lagunas. Algunas divinidades de los tiempos pasados fueron revisadas y adaptadas a los nuevos conocimientos.

Eso le pasó a Uriel que, como hemos visto, tuvo en el curso de los siglos, algunos «disgustos» con las autoridades religiosas.

El dominio del muy reciente Urano se le adapta perfectamente. Es el Arcángel que dirige la constelación del Acuario, signo extravertido y revolucionario, destinado a influenciar a la futura humanidad. Uriel se combina bien con el gobierno de la magia, de la astrología y de la electrónica, típicamente acuarianas. Es el protector de los exploradores, de los innovadores y, considerando su papel en lo referente a las que son y serán las profesiones del futuro, podríamos poner bajo su protección también a los astronautas, que en los antiguos textos de magia no podían haber sido mencionados.

Uriel tiene el control sobre las fuerza mágicas que presiden los bruscos e imprevistos cambios, no sólo en el destino de los individuos particulares sino también a nivel planetario.

La Nueva Era o Edad de Acuario está controlada en su rápida sucesión de acontecimientos por este gran ángel que tiene aún una inmensa tarea que cumplir para la Humanidad.

Asariel - Neptuno

Este gran Arcángel, gobernador de la esfera de Neptuno, era muy bien conocido por los antiguos, quienes le confiaron el dominio de los océanos.

El culto a Neptuno (el nombre Asariel fue una sobreposición debida al cambio de religión) fue mantenido en vigor durante mucho tiempo, cuando ya el cristianismo había extendido ampliamente su dominio.

Durante muchos siglos los desplazamientos tenían lugar sobre todo por vía marítima, por lo cual la devoción a la divinidad marina que protegía a los navegantes fue muy intensa.

Con la conquista griega de las costas mediterráneas, se consagraron a Neptuno templos y ciudades en muchos lugares. Por referirnos a Italia, Paestum merece ciertamente una visita. El templo que allí se puede admirar cede solamente al Partenón de Atenas. Y en Paestum, los lectores más sensibles, entre las espléndidas columnas clásicas, podrán aún sentir viva la presencia de una Gran Energía. El Custodio oculto de los Templos nunca se ha alejado...

Más allá de los grandes mares, las costas y los navegantes por mar, Asariel extiende su dominio sobre los que tienen el don de la clarividencia, sobre los «oráculos», aunque hoy no se sabe con qué nombre definir a quienes hacen profecías.

Antiguamente se llamaban Picias, Sibilas, Pitonisas y vivían en sus propios, muy venerados lugares de culto. Todavía más atrás en el tiempo, la profecía era considerada un don divino y los que sabían interpretar los auspicios, los sueños, los vuelos de los pájaros o los signos del cielo, eran tenidos por la comunidad en gran consideración; su vida se ennoblecía, teniendo una dignidad casi sacerdotal.

Si habéis decidido visitar Paestum, no olvidéis Cuma, a pocos kilómetros, sede de un oráculo de gran importancia, consultado por Eneas y citado por Virgilio. También en Cuma, en la zona hipogea, se respira un aire misterioso, poblado de presencias aún activas.

Asariel, como Neptuno, gobierna la constelación de Piscis.

Azrael - Plutón

Éste también es un Arcángel con una larga historia. El que hoy conocemos como Azrael y al que se le ha asignado el dominio del «joven» Plutón, ha sido siempre un divinidad muy conocida por los antiguos.

Su función principal fue (pero lo es aún hoy y lo será en el futuro) la de acompañar en el más allá al espíritu de los difuntos.

Toda tradición y toda cultura, ya desde la más remota prehistoria, ha colocado en sus cultos más sagrados a una figura como ésta.

Así como el misterio de la muerte siempre ha sido insondable, así de insondable fue el misterio de las estaciones y el movimiento de los astros en los cielos.

Cada vez que el hombre se encuentra frente a lo incomprensible, eleva su pensamiento hacia la divinidad, benévola o malévola, que regula el curso de los acontecimientos, para que le sea propicia.

La búsqueda de lo sobrenatural, de lo trascendental

El ángel que acompaña más allá de la vida a los espíritus de los traspasados. Está relacionado con Azrael.

está enraizada en los profundos recesos del alma humana, puesto que la sensibilidad misma del hombre es la que le permite captar la existencia de seres inmateriales de los planos Superiores.

Del mismo modo, las Criaturas Celestes impresionan fuertemente el espíritu del hombre, permitiéndole percibir su esencia.

De vez en cuando hacen una breve aparición, se revelan confirmando las impresiones humanas.

La fantasía crea sólo la imagen exterior de la divinidad, le atribuye un nombre y una función, y la reviste con una forma conocida que su mente puede aceptar.

La divinidad, prescindiendo del nombre y de la forma que se le ha atribuido, ha existido siempre, eones antes de que el hombre existiera...

Así, el Arcángel que hoy lleva el nombre de Azrael fue venerado como Anubis, el custodio de las puertas oscuras del reino de los muertos. Fue Caronte el que transportaba las almas del mundo material al mundo invisible.

Pero Azrael es mucho más. De sus manos nace el «río Leteo», el agua que da a quienes traspasan las fronteras de la vida el olvido de la existencia apenas transcurrida y le permite reposar en paz.

Por decirlo de otra manera, es el que guía los pasos del difunto hacia un lugar sin ruidos en el que los recuerdos no lo alcanzarán ni le herirán por mucho tiempo. Él abre las puertas del Devachan, lugar de serena beatitud que será el paso sucesivo en la espera de volver a reencarnar con un nuevo deber, en un nuevo cuerpo y con una memoria libre de recuerdos.

Es por tanto Azrael el jefe de las legiones de «ayudantes invisibles» que se ponen al lado de las personas que están a punto de morir, que las cuidan para facilitarles el tránsito y que guiarán dulcemente sus primeros pasos en la nueva dimensión que están por alcanzar.

Son los ángeles súbditos de Azrael que acuden cada vez que desde la Tierra se eleva la plegaria: «Dales el descanso eterno, Señor...» y se dirigen hacia el alma a quien la oración ha sido dirigida.

Pero acuden a cualquier otro rezo, dicho en cualquier idioma, a cualquier otra divinidad, se ofrecen para cualquier requerimiento de ayuda para acompañar a un difunto, puesto que las barreras de culto, de raza y de credo existen sólo sobre la Tierra. La divinidad es una, así como único es el «corpus» de sus ángeles. ¡No lo repetiremos jamás lo suficiente!

Azrael desarrolla la capacidad de sondear el misterio, la búsqueda de las leyes inexploradas de la naturaleza, una investigación metafísica, no experimental, de laboratorio.

Es el Arcángel protector de los ocultistas, no de los mercenario de lo oculto, sino de los que se asemejan a los antiguos alquimistas. Buscadores de la Piedra filosofal para transmutar no el vil metal sino la propia alma.

Azrael, definido como el Arcángel del Misterio, domina la constelación del Escorpión.

LOS ÁNGELES Y LOS ELEMENTOS

Los ángeles de los Puntos Cardinales

El ángel, en todas las tradiciones, es el regidor, el gobernador, aquel que codifica y mantiene el orden de las cosas que la Mente Creadora le ha confiado.

Los Puntos Cardinales representaron desde siempre para el hombre referencias precisas en las que basarse. El punto desde donde sale el Sol y aquel donde se oculta han sido siempre considerados justamente los «anclajes» inmutables del Universo. Toda la geometría, la geografía, la trigonometría, la misma matemática, por no hablar de las más sencillas nociones de astronomía, se basan en esta imprescindible realidad.

En la mente del hombre de cada época y de cada culto, por tanto, un Gran Ser siempre ha controlado el curso regular del Universo, poniendo en los lugares estratégicos a otros Seres, subalternos suyos, que hicieran esas reglas inmutables.

Una precisa referencia a los ángeles de los puntos cardinales y a los colores a ellos asociados, nos viene de la visión de Zacarías.

El profeta, como es conocido, venía siendo instruido, durante mucho tiempo, por el «ángel de Yahvé». El ángel le enseñaba imágenes, situaciones, lugares o persones y le descifraba su significado.

«Por lo tanto, levanté los ojos otra vez y vi; había cuatro carros que salían de entre los dos montes. En el primer carro había caballos rojos y en el segundo carro caballos negros. Y en el tercer carro había caballos blancos y en el cuarto carro caballos bayos... El ángel me dijo. "Éstos son los cuatro espíritus de los cielos que salen después de haber estado en su puesto delante del Señor de la Tierra entera. En cuanto a los caballos negros, salen del país del norte, los caballos blancos deben de salir de detrás del mar. En cuanto a los bayos deben de salir del país del Sur".»

Es interesante notar cómo estos «cuatro espíritus de los cielos» habían estado ya «en su puesto», que no era delante del Trono de Dios, como se podía imaginar fácilmente, sino delante de un espíritu inmediatamente superior a ellos, o sea el «Señor de la Tierra entera».

En la tradición Maya, la Tierra era cuadrada y todas las estrellas daban vueltas a su alrededor saliéndose en ángulo recto. Con esta cosmogonía era muy simple imaginar en cada uno de los cuatro ángulos a cuatro divinidades: los Bacabi. Eran muy semejantes a nuestros ángeles; se aposentaban en los cuatro puntos cardinales asistidos por los «Chaques», otros ángeles de rango inferior que controlaban los elementos, los vientos y la lluvia.

Cada «Chaque» tenía un color diferente según su campo de acción.

Es interesante comparar estos colores, pues los encontraremos en muchas otras tradiciones.

El Chaque del Norte era de color blanco, el Chaque del Sur era amarillo, el Chaque del Este rojo y el del Oeste negro.

Los ángeles hindúes

Legiones inmensas de ángeles surcan los superpoblados cielos del hinduismo. Ésta es una religión rica en divinidades, ángeles, genios, héroes, criaturas inmortales, animales divinizados...

Es sugestivo el nombre dado a las criaturas aladas que desarrollan cometidos importantes.

Existen los Devas, equivalentes a nuestros ángeles, en todos los niveles jerárquicos, desde los reinos de la materia a los superiores, y además existen los «Devarajás», es decir Deva regente.

Es de notar que también a los seres humanos que gobiernan los territorios de la India se les llama de la misma manera: Rajá o también Maharajá (gran gobernador) según su grado.

Gobernante del Este es DRITARASHTRA, señor del elemento aire. A él le están sometidas las grandes multitudes de los Gandharva, los eternos cantores de los dioses que se visten con ropas sencillas.

En el Oeste encontramos a VIRUPAKSA, señor del fuego, dominador de los ejércitos de los Naga, divinidades semejantes a serpientes, que tienen como color simbólico el rojo.

En el Sur reina VIRUDAKA, sometido a Varuna, el

Los ángeles que sujetan los cuatro vientos salen para llegar a los
cuatro Puntos Cardinales de la Tierra (Zacarías VI, 1,8)

gran Dios de las aguas. Sus legiones visten simbólicamente los colores azules y tienen el nombre de Kumbhandas.

El Devarajá del Norte es KUVERA, señor del elemento tierra. A sus órdenes están las legiones de los Yakshas, vestidos de oro.

Los ángeles gnósticos

La tradición gnóstica más antigua, en la que confluyen los conocimientos de las culturas precedentes, pero sobre todo las hebraicas y cristianas, confía la custodia de los cuatro puntos cardinales a cuatro Arcángeles. Ellos son, al mismo tiempo, los gobernadores de los cuatro elementos.

La tradición funda sus raíces en cultos muy remotos, los nombres puestos a estas criaturas rememoraban los de otras divinidades extranjeras.

Después del advenimiento del Cristianismo, las cosas tomaron un cariz distinto; los nombres «sospechosos» fueron eliminados para no crear confusión a los catecúmenos. Quizá por este motivo, los nombres de los cuatro ángeles no han llegado hasta nosotros.

Algunos textos nos traen los acostumbrados nombres de Miguel, Gabriel, Rafael y Uriel. Por lo demás, para regir los cuatro puntos y cuatro elementos, eran absolutamente necesarios cuatro ángeles.

Otros textos, por el contrario, indican nombres cuya raíz fonética es completamente diferente de la tradicional hebraica. Ante la duda, he preferido no aportarlos.

Es un poco como el enigma de los siete nombres de

los ángeles planetarios. En la gran confusión no se comprende exactamente cuáles son los justos y acaso es mejor así.

Por lo que respecta a la repetición casi obsesiva de los «acostumbrados» tres nombres, el lector no debe dejarse llamar a engaño. Son las limitaciones con las que se encuentra, muy a su pesar, el Cristianismo.

No es que los pobres Miguel, Gabriel y Rafael se sobrecarguen de decenas de obligaciones distintas. Indudablemente, en un ámbito no cristiano, a los gobernadores de los elementos les corresponden nombres que no nos es dado conocer, o que no se nos ha querido transmitir.

Tengamos presente que la Iglesia ha perseguido ferozmente y en toda época cualquier nombre, culto o ritual que no haya sido previamente discutido y aprobado por sus autoridades.

Los Ángeles de los puntos cardinales son espléndidas criaturas que custodian de modo inflexible cuanto la Divinidad les ha confiado. Hasta aquí la Iglesia está de acuerdo, pero no acepta introducir nombres desconocidos, serían marcados como demonios o divinidades paganas.

La tradición gnóstica nos describe los deberes y las funciones de los Ángeles; en cuanto a sus nombres, ya no es cosa tan fundamental darles uno...

El ángel del Norte

Es un ángel de vestidos blancos o quizá del aura cándida, que en el fondo es la misma cosa...

Es el gobernador del elemento aire, gobernador de los vientos y de la nieve. Se eleva, silencioso, sobre las inmensas extensiones polares, y también sobre las cálidas zonas desérticas. Su Ser no está ligado a la temperatura física sino a la vibración que le llega de los lugares.

Custodia las grandes superficies deshabitadas y rehuye los lugares superpoblados y el ruido. Por esta característica suya, se le define también como el ángel del Silencio o el Custodio de la Paz (paz entendida como serenidad interior).

Este modo de ser solitario no lo hace indiferente al género humano, al contrario, lo acompaña desempeñando un papel muy importante.

Es el custodio de los deseos y de las esperanzas de los hombres y también de sus secretos.

Es el ángel consolador de quien ha perdido una persona querida. Puede intervenir en los pensamientos y en los sueños de quien sufre, llevándole consuelo.

Interviene para calmar la ansiedad, para apagar el fuego del rencor y con la misma dulzura para domar la furia de los elementos cuando se desencadenan en la tempestad.

Le gusta que le ofrezcan incienso y pétalos de flores blancas. Protege tanto los lugares geográficos como a los hombres de los peligros debidos al hielo, a la nieve y a los huracanes.

Recordemos que en el interior de la furia de los elementos se desencadenan los devas oscuros. Así como los ángeles de la luz tienen la misión de proteger, guiar, custodiar aquello que les ha sido confiado, del mismo modo los devas opuestos, los oscuros, tienen el deber de destruir, confundir, romper los equilibrios...

El ángel del Norte es el dominador del elemento aire y corresponde al signo de Acuario. La tradición astrológica lo empareja con el planeta Urano.

El ángel del Sur

Ángel solar, con un resplandeciente vestido del color de la llama, es el regidor de la luz, del fuego, del calor.

Es el ángel de la comunicación, de la palabra, es quien suscita alegría y amor en el corazón de los humanos. Probablemente es también el responsable de tantos «flechazos», puesto que suscita la llama del enamoramiento, de la simpatía, y también la de la compasión y la solidaridad.

En cuanto «portador de la llama» trae también la chispa de la vida al mundo animal y vegetal. Es quien distribuye el «prana», por tanto, la vitalidad, la energía física, el don de la curación.

Es el custodio de las acciones del hombre, de las decisiones activas, del movimiento dinámico, del coraje y también del bienestar material.

Su presencia disuelve las nieblas grises del odio, de la tristeza, de la desesperación. Consigue infundir optimismo en las personas descorazonadas y guía a los débiles hacia la capacidad de luchar. Protege de los peligros que provienen del Fuego, pues él es el Señor de este elemento. Su lucha contra el Deva de signo contrario se dirige a mantener el equilibrio entre el fuego que da la vida y aquel que devora y destruye.

Su energía es el fuego germinador de la creación, y a Él le ha sido confiado el crecimiento de todas las cosas vivientes en los cuatro Reinos de la Naturaleza.

El ángel del Oeste

Es el ángel ligado al elemento Tierra. Reina sobre las estaciones, sobre los frutos y sobre el trabajo del hombre. Hoy lo llamaríamos con razón el ángel de la Ecología.

Su color es el verde brillante de las hojas primaverales o de las tiernas praderas.

Por su posición, también se le llama «El centinela de la noche» o el «Guerrero del Oeste». Según la tradición oculta, acoge entre sus manos el disco solar en el ocaso, lo custodia de los ataques de las Tinieblas en el curso de la noche, y se lo entrega por la mañana a su gran compañero, al ángel del Este. Una función muy semejante la encontramos en la mitología egipcia, en la cual el disco solar Ra, se embarca cada noche en la galería subterránea por la que discurre el río Amenti. A lo largo de la travesía deberá luchar contra el dragón Apep que quiere devorarlo para que las tinieblas reinen sobre la Tierra.

Es el ángel que acoge las almas de aquellos que mueren desde el ocaso hasta el alba y las conduce hacia la Luz para que la oscuridad no las confunda.

Custodia el crecimiento espiritual de los hombres, reforzando en ellos la conciencia y la determinación.

Su protección aleja a los devas malignos y las fuerzas oscuras, disipa las pesadillas nocturnas sobre todo de los niños.

Agradece la oferta de flores, de fruta y de sus delicados perfumes.

Defiende cosas y personas de los peligros que provienen de la tierra y de sus movimientos, derrumbamientos, terremotos, etcétera.

El ángel del Este

Es un ángel con una extensa aura azul turquesa, el que rige el elemento Agua, tanto de la simbólica representativa del futuro que se puede revelar, como del agua real de los océanos.

Es él quien vela las visiones y los sueños nocturnos para evitar que sean demasiado claros y que, interpretados con anticipación, comprometan el desenvolvimiento del Plan.

Es también denominado el «centinela de la Aurora», puesto que, simbólicamente, cada mañana recoge entre sus manos el disco solar que emerge de la noche y lo acompaña en su recorrido a lo largo del arco del cielo.

Y es justamente con el primer resplandor del sol cuando este ángel se hace de vez en cuando visible a los mortales, en aquel arcano momento entre la última sombra de la noche y la primera luz de la mañana.

Es el gobernador del inconsciente y de lo profundo. Señor de la intuición y de la precognición. Vigila la realización espiritual y material del camino humano.

Justamente por este deber suyo de acompañar durante el camino «de las tinieblas a la luz» este ángel es considerado como el custodio del futuro del hombre. Conoce la realización de los eventos y hace que sean comprensivos poco a poco, mientras acompaña el camino de la evolución. Se le podría definir con razón el custodio de la Era Nueva.

Ama el ofrecimiento de agua limpia en copas de cristal. Su protección guiará a los hombres que se le confían al efectuar las elecciones justas. Armoniza los planos materiales de vida cotidiana con el Gran Plan.

Aleja los peligros que nos vienen de lo imprevisto, de la distracción, de la locura y, naturalmente, del agua que es su elemento.

LOS ÁNGELES Y LOS VIENTOS

El aliento de Dios

En la imaginación humana, que los ve asociados a la Palabra de Dios, formados de la misma sustancia etérea y luminosa que las nubes, los ángeles surcan los cielos velocísimos; cruzan a la velocidad del pensamiento desligados del concepto de tiempo y espacio.

Los ángeles están allí, donde su deber los lleva, con la aérea ligereza del viento, y al viento han sido comúnmente asociados.

La narración bíblica de la creación comienza ciertamente con el Espíritu de Dios que alentaba como viento sobre las aguas.

El viento, como aliento de Dios, el viento, como portador del soplo vital.

El viento ha sido también imaginado como energía que, transportada por los ángeles, se transmite a los planetas permitiéndoles así rodar en el espacio que tienen asignado. El viento como motor...Así nos habla en su *Jerarquía celeste* Dionisio Aeropagita:

«El hecho de que a la inteligencia se le dé el

nombre de "vientos" nos indica la rapidez de su vuelo que se extiende casi instantáneamente sobre todo; es el movimiento que la lleva de arriba abajo, que realza la entidad del segundo orden a la cima más excelsa y que empuja a las entidades primarias a proceder con determinación providencial hacia los inferiores, para una comunión con ellos. Se pudiera también decir que el atributo "ventoso" de soplo de aire dado al espíritu (*pneuma*) nos revela el carácter divino de la inteligencia celestial..»

El concepto es muy antiguo, pero no siempre ligados al viento encontraremos ángeles buenos. El viento en sí puede ser vida, pero también destrucción.

En el apócrifo *Libro de Enoch* el profeta nos cuenta así su visión:

«Y en los confines de la Tierra vi doce puertas abiertas a todos los vientos, de las cuales los vientos salían y soplaban sobre la Tierra ... De cuatro de ellas salían los vientos de la bendición y de la salud, de las otras ocho salían los vientos del castigo: cuando eran enviados, destruían toda la tierra, el agua que hay encima, todos aquellos que allí habitaban y todo aquello que hay en el agua y en lo seco.»

Quizá, la referencia más importante proviene del *Apocalipsis*, en el Capítulo 7 nos narra así Juan: «Vi cuatro ángeles en pie en los cuatro ángulos de la Tierra que retenían a los cuatro vientos a fin de que ningún viento soplase sobre la tierra, ni sobre el mar, ni sobre algún árbol..»

Los ángeles, en cuanto custodios de los vientos y rígidos ejecutores de la voluntad divina, no dudan en enviar el castigo sobre el planeta si éstas son las órde-

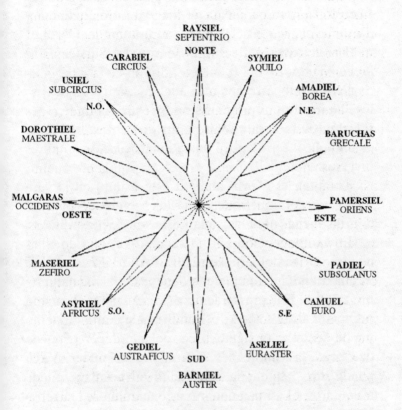

RAYSIEL
SEPTENTRIO
NORTE

CARABIEL
CIRCIUS

SYMIEL
AQUILO

USIEL
SUBCIRCIUS

AMADIEL
BOREA

N.O.

N.E.

DOROTHIEL
MAESTRALE

BARUCHAS
GRECALE

MALGARAS
OCCIDENS

PAMERSIEL
ORIENS

OESTE

ESTE

MASERIEL
ZEFIRO

PADIEL
SUBSOLANUS

ASYRIEL
AFRICUS S.O.

CAMUEL
EURO

S.E

GEDIEL
AUSTRAFICUS SUD

ASELIEL
EURASTER

BARMIEL
AUSTER

Los dieciséis vientos principales y sus correspondientes ángeles
dominadores, según el Abad Tritemio de Spanheim.

nes. Volvemos a encontrar el concepto de los ángeles regidores de los vientos en el Evangelio apócrifo de Bartolomé:

«Pero existen también cuatro ángeles jefes de los vientos: uno el Boreal, cuyo nombre es Chairum, que tiene en su mano una vara de fuego... Otro ángel manda sobre el viento del Norte y su nombre es Oertha... Y el ángel que está sobre el viento del Sur-Oeste se llama Nautha...»

Pero como veremos más adelante, a los vientos se les dan muchos nombres distintos según las tradiciones y las culturas. Lyall Watson, en su *Libro del Viento* cuenta en nuestra época hasta cuatrocientos nombres diversos...

También el *Corán* alude a este asunto en la sura 25,48: «Es él aquel que envía los vientos como nuncios de buenas noticias, delante de su Misericordia».

En la concepción zoroástrica, Vayu, el viento, es una divinidad del aire, sometida a Ahura Mazda, pero es una divinidad ambivalente, buena o malvada al mismo tiempo. Es la respiración del universo y al mismo tiempo el aliento vital del hombre. Así como el viento puede suscitar la ligera brisa del atardecer o puede desencadenar huracanes, con el mismo poder, Vayu puede dar o quitar la respiración al hombre; puede transportar el alma a una nueva encarnación o arrebatársela a un viviente y arrastrarla lejos.

Encontramos en la Grecia clásica los vientos como acompañantes de las almas en el largo viaje después de la vida. El dulce Céfiro tiene como compañera a Borea, la amenazante, impetuosa portadora del viento del norte, o sea el soplo gélido de la muerte. Entre los dos tenían la misión de conducir a los difuntos en el más allá. hacia las Islas Beatas.

Con el transcurrir de los siglos y con la llegada de la cristiandad, esta misión es confiada a categorías particulares de ángeles acompañantes, bajo la guía del Arcángel Miguel. En la liturgia preconciliar, en el ofertorio de la Misa fúnebre se invocaba: «Miguel, el portador del signo, preséntese en la luz santa prometida a Abraham». Después del Concilio, la liturgia se modifica así: *In paradisum deducant te Angeli*, que de todas maneras, aún habiendo omitido el nombre del Miguel, deja intacto el significado.[1]

Con el tiempo, los recuerdos y las tradiciones se superponen uno al otro. Con el cambio de las religiones y de las culturas cambian los nombres de las divinidades, pero no la función que éstas ejercitan en ayuda del hombre. He aquí un ejemplo significativo.

Johannes Malala, un viajante y cronista que vivió entre el 491 y el 578, narra que en las cercanías de Bizancio, con el avance del cristianismo, el culto del Arcángel Miguel había suplantado al de un demonio pagano de nombre Soshistene. En la práctica, este demonio, señor de aquella zona del Bósforo, era el custodio del viento de Borea, cuyo soplo impetuoso regulaba la salida y la entrada de las embarcaciones en el Mar Negro.

La devoción popular había pasado del paganismo al cristianismo, pero la necesidad de propiciarse el viento a favor había quedado inmutable, y así, para no

---

1. Del Ton, *Op. cit.*

irritar a los catecúmenos, se cambió solamente el nombre y el aspecto iconográfico del «Señor del Viento» pero no su menester. Pudiera pensarse que el viejo demonio pagano hubiese sido jubilado, sustituido por el batallador Arcángel, pero no es así.

En los planos sutiles nada ha cambiado, solamente los hombres han cambiado el nombre y la imagen de la divinidad del lugar. En efecto, en aquel lugar como en cualquier otro, siempre ha existido un ángel regulador del Viento. Muchos millones de años antes de que el hombre ocupase aquella zona, el ángel del viento estaba allí para desempeñar su función, sin saber que tenía un nombre con el cual podía ser llamado.

Cuando el hombre, con sus mil necesidades, se asentó en el lugar, el ángel respondió a las llamadas de intervención que llegaban hasta él, primero como Soshistene, después como Miguel. Y responderá todavía, a pesar de que en el futuro alguien le cambie más adelante el nombre; puesto que no es el nombre con el que el hombre lo invoca lo que le hace socorrer, sino la vibración, la entonación común a toda la humanidad, el tono con el que vibra el requerimiento de ayuda que lo alcanza en el lugar en el que él reside.

TRITEMIO DE SPANHEIM

La Eminencia Gris

No se puede hablar de ángeles y de vientos sin abrir un paréntesis sobre los estudios del Abad Tritemio. Su historia está llena de fascinación y de misterio y vale la pena que la esbocemos.

Este hombre logró rebuscar en fuentes de conocimiento que después permanecieron desconocidas por siglos. Su trabajo de abad benedictino lo llevó a consultar textos cuya memoria se ha perdido. Y, mas allá de las fuentes, tuvo un conocimiento práctico en lo que concierne a las evocaciones y las apariciones.

Las cosas que de él se cuentan, nos lo presentan como un personaje increíble, capaz de producir fenómenos físicos, de predecir el futuro, de dialogar con el más allá, colaborar con criaturas angélicas de las cuales ha codificado, con precisión, nombres, linajes, encargos...

Sus escritos dejaron una profunda huella no sólo en su época, sino que proyectan una larga sombra que llega hasta nosotros.

Aunque su nombre sea prácticamente desconocido para la mayoría, su trabajo nos ha llegado por medio de algunos de sus discípulos que se convirtieron, gracias a él, en Grandes. Citemos a Paracelso y a Cornelio Agrippa, porque son los más conocidos del gran público.

El nombre de Tritemio permanece aislado, como el de las Eminencias Grises, que no aparecen jamás en primera persona, pero que dirigen los acontecimientos.

Tritemio evocó, seguramente, y después dialogó, con aquellos mismos ángeles de los cuales hablaba con afectuosa familiaridad y sabiduría.

En sus listas describe espíritus tranquilos, dóciles a la llamada del operador, o espíritus rebeldes y guasones, que se manifiestan armando un terrible desorden.

Sobre todo, pone en guardia al comenzar cualquier tipo de operación en la que ellos están implicados si el operador es improvisado y no tiene perfectos conocimientos de todas las modalidades y las precauciones que debe tomar antes de cada ritual.

Desaconseja a los curiosos el aventurarse en los senderos del Gran Arte si su corazón no es absolutamente puro, si el intento no es altruista, y si piensa obtener fáciles ganancias con la ayuda de los ángeles. La peligrosidad de este tipo de operaciones es tal que puede comprometer la propia seguridad personal...

Para evitar peligrosos equívocos, aún trayendo más adelante algunos párrafos textualmente tomados de los libros de Tritemio, los he «depurado» cuidadosamente, de modo que queden inoperantes para el lector que, incautamente, quisiese lanzarse a extrañas operaciones evocativas.

116

Una vida predestinada

Johann Heidenberg, hijo de un caballero y de una noble señora, nació en Tritenheim, en Alemania, en el febrero de 1462. Como en las fábulas tristes, quedó huérfano con sólo dos años de edad, y la madre se casó con un mal hombre, que mantuvo al muchacho en la ignorancia y en la abyección. A los 15 años, para escapar a esta esclavitud, semi-analfabeto, abandona la casa, viaja por algún tiempo sin meta alguna, para detenerse después en Heidelberg. En aquella época, la ciudad estaba viviendo, con plenitud, el mágico momento del Renacimiento alemán. Heidelberg era un verdadero cruce de culturas, un faro que irradiaba conocimientos sobre toda la Europa del norte.

Aquí comienza su aprendizaje intensivo, debe recuperar el tiempo que el padrastro le ha hecho perder.

Ayudado por una memoria y una inteligencia prodigiosas, el talento del muchacho se desarrolla con toda su potencialidad. Aprende el griego, el hebreo y el latín; las filosofías de su tiempo y las de los tiempos pasados, las doctrinas gnósticas y neoplatónicas y, sobre todo, encontró un «Maestro» del cual no quiso dar jamás el nombre, que lo inició en los misterios de los Rosacruces, en el conocimiento hermético y en los estudios de las «cosas celestes».

Se convirtió, desde todos los puntos de vista, en un adepto, y como tal, asumió el nombre iniciático de Trithemius. ¡Tenía sólo veinte años!

Decide volver a casa para ver a la madre, pero por el camino, el destino le sale al encuentro bajo una enorme tormenta de nieve.

Casi congelado se ve obligado a detenerse y a pedir hospitalidad en el primer edificio que encuentra en su camino. Es un monasterio benedictino. Su viaje se detendrá entre aquellos muros. Se hace novicio y transcurridos los dos años necesarios, pronuncia los votos solemnes jurando fidelidad a la regla.

Pocos meses después muere el viejo abad y él, el último llegado, es elegido para dirigir la abadía con más de doscientos monjes.

Tenía solamente veintidós años pero era un predestinado.

Bajo su hábil dirección, el monasterio, que estaba derrumbándose tanto en sus muros como bajo el peso de las deudas, renació a una nueva vida.

El joven abad se arremangó las mangas e hizo que también se las arremangaran sus monjes. Desempolvó la vieja regla benedictina *ora et labora* y los transformó, según sus aptitudes personales, en albañiles, carpinteros, herreros... En breve tiempo, Tritemio reestructuró las murallas, las finanzas y los conocimientos de los monjes, convirtiéndolos en verdaderos especialistas de la transcripción y de la ilustración miniaturista de los antiguos manuscritos.

El decadente monasterio de Spanheim se hizo famoso en toda Europa. Su biblioteca podía competir con la de cualquier rey e incluso con la del mismísimo Papa. La fama de aquel extraordinario abad, que ni siquiera tenía treinta años, traspasó pronto todas las fronteras.

El pueblo, hablando de él, decía: «¡Es un santo!». Los hombres de cultura, por el contrario, pensaban seriamente que tal vez fuese un mago.

STEGANOGRAPHIA:

Hoc est:

ARS PER OC-
CVLTAM SCRI-
PTVRAM ANIMI SVI VO-
LVNTATEM ABSENTIBVS
aperiendi certa;

AVTHORE

REVERENDISSIMO ET CLARISSIMO VIRO,
Joanne Trithemio, Abbate Spanhaimensi, &
Magiæ Naturalis Magistro per-
fectissimo.

PRÆFIXA EST HVIC OPERI SVA CLAVIS, SEV
vera introductio ab ipso Authore concinnata;

HACTENVS QVIDEM A MVLTIS MVLTVM DESI-
derata, sed à paucissimis visa:

Nunc vero in gratiam secretioris Philosophiæ Studiosorum
publici iuris facta.

Cum Privilegio & consensu Superiorum.

FRANCOFVRTI,
Ex Officina Typographica MATTHIÆ BECKERI, Sumptibus
IOANNIS BERNERI.

Anno M. DC. VI.

Portada original del libro de Tritemio *Steganografia*, editado en
1606. Recientemente ha sido reimpreso en italiano por
Nardini Editore.

No se equivocaban. En la medida más alta y noble en la que se penetran los Secretos de la Naturaleza, Tritemio fue un mago...

He aquí un párrafo que habla de él y que firma Bruno Nardini:

«La noticia de las extraordinarias virtudes del abad y de los prodigios hechos por él, llegó hasta el emperador Maximiliano, el cual, habiendo quedado viudo prematuramente, mandó llamar a Tritemio para pedirle su dictamen sobre la necesidad de volver a casarse, como querían sus consejeros y la razón de Estado, o de permanecer fiel al recuerdo de la amada consorte María, como hubiera querido su corazón.

»"Majestad," dijo el Abad, "preguntémoslo juntos a la Emperatriz." "¡Pero si está muerta!",exclamó el Emperador.

»"Y nosotros la reclamaremos del reino de los Muertos", respondió Tritemio.

»Y diciendo esto, trazó con la mano hacia el suelo un amplio círculo y en el, a una especial invocación, apareció la difunta Emperatriz, en un halo de luz, más bella que cuando estaba viva.

»Ella le dice a su augusto consorte que se iba a casar con una joven de Milán, pero el Emperador, ante aquella visión, había caído al suelo sin sentido.

»Posteriormente, recordó vagamente aquella imagen dulce y aterradora. Más adelante se casó, en efecto, con la hija del difunto Galeazzo Sforza, duque de Milán...»

Así continúan los apuntes sobre el Abad:

«En el silencio laborioso de Spanheim, Tritemio tuvo tiempo y modo de experimentar esta realidad oculta reencontrando y vivificando signos y fórmulas evocativas. Al final, codificó su larga investigación en un manuscrito titulado *Steganografia* (Steganos = escondido, Grafein = escribir).

»Su portentosa cultura le daba conocimientos sobre los ritos y los cultos del pasado: el profundo conocimiento de la "magia natural" o magia blanca, le consentía invocar y poner en movimiento, usando signos y fórmulas, a las fuerzas latentes en el cosmos.

»Tritemio era un adepto secreto de Christian Rosenkreutz; estaba, pues, al tanto de los conocimientos de las revelaciones secretas del Maestro.

»Conocía secretos que ningún maestro habría podido desvelar al discípulo si éste no hubiese descubierto por sí solo, por sus propios medios, las leyes fundamentales: la de la evolución, la de la unidad material del universo, y la de la existencia de estados de conciencias distintos de los de vigilia y sueño. En el día de hoy, el hombre ha conquistado estos tres conocimientos, pero en los tiempos de Tritemio, éstos no eran ni mucho menos admisibles y sólo venían confiados a aquellos que juraban "enterrarlos en el alma".»

En otro manuscrito (recordemos que en aquella época no existía aún la imprenta) el abad de Spanheim expone la existencia de un ciclo temporal gobernado, por turnos, por diez ángeles; teoría que Steiner recogerá y hará suya.

Pero incluso Paracelso y Cornelius Agrippa recopilarán abundantemente de la producción del Maestro, sin ni siquiera citarle. Se podrá reconocer su enseñanza, confrontando, a posteriori, las respectivas obras.

Sin embargo, en Cornelius Agrippa, que indudablemente fue un gran alquimista, algo marchó mal, aunque sus libros se vuelven a imprimir aún hoy en día (por ejemplo *La filosofía oculta*). Fue encarcelado en Bruselas bajo la acusación de brujería y murió en la miseria con sólo 47 años.

En el libro del que tratamos escribe así Tritemio:

«Siete Arcángeles, o sea, siete fuerzas Cósmicas, influyen en la vida terrestre y le imprimen su carácter a la evolución interior del hombre, alternándose la una con la otra cada 354 años y 4 meses. Estas fuerzas celestes, o Espíritus del Fuego, o Elohim, corresponden a los nombres de: ORIFIEL, ANAEL, ZACARIEL, RAFAEL, SAMAEL, GABRIEL y MIGUEL; ellos simbolizan los influjos planetarios de Saturno, Venus, Júpiter, Mercurio, Marte, Luna y Sol.»

En la época en que Tritemio escribía estas nociones, la era del turbulento Samael, el castigador de Dios, llegaba a su fin y se preparaba el retorno de Gabriel, el Arcángel lunar, portador de conocimiento e intuición. Todo el período del Renacimiento se desarrolló, de hecho, en aquella época. Siempre según los cálculos de Tritemio, por tanto en el 1879, acabado el trabajo educador de Gabriel, la humanidad ha pasado al cuidado de Miguel, el Arcángel solar que, desenvainando la espada, lanzó en la noche de los tiempos su desafío a Lucifer: *Quis ut Deus?*

«¿Quién como Dios?» ha vuelto a gritar el bellísimo guerrero y, hasta el 2233 continuará defendiendo la humanidad de un dragón multiforme y polifacético que renace y vuelve a renacer a pesar de los golpes recibidos...

Del *Reverendissimo et Clarissimo Joanne Trithemio,*

Abate Spanhaimensi, Magistro Perfectissimo di Magiae Naturalis, como se lee en la portada de su libro, os queremos proponer un estudio interesante ligado a los ángeles y a los vientos.

El texto, bien que traducido egregiamente por Fabrizio Benedetti en 1982, para Nardini Editore es de gran complejidad pero de un grandísimo interés.

Volviendo al concepto del que hemos partido, esto es que a cada viento corresponde un ángel, que le controla la dirección, la entidad y la fuerza, veremos, según los estudios del benedictino, otros desarrollos de la cuestión. Tritemio identifica un ángel que reside en cada una de las moradas de los dieciséis vientos principales. A cada Ángel, Arcángel, Príncipe o Dominador, según la legión a la cual pertenezca, tomando probablemente como modelo la jerarquía feudal de la época, Tritemio relaciona gobernadores, vasallos, servidores y espíritus sometidos.

Demuestra, además, conocer muy de cerca el carácter de los ángeles; advierte cuando éstos son viciosos, despóticos, rebeldes a las órdenes, o por el contrario, serviciales y gentiles. Además de dominar los vientos y moverlos en la justa dirección, los ángeles de Tritemio llevan mensajes, protegen a los viandantes y confieren virtudes particulares. Veámoslos:

Los Caballeros del Viento

PAMERSIEL.

Es un Espíritu Príncipe, señor del viento de Oriente, sus servidores son Anoyr, Madriel, Ebre, Hamorfel

123

y muchos otros. Pero, avisa Tritemio, «Ellos son los Espíritus aéreos más malvados y traidores, no obedecen a nadie». Son portadores de fórmulas de conjuro. Pero invocarles es de tal manera peligroso que desaconsejamos toda relación con ellos.

PADIEL.

Señor del viento, antiguamente llamado «Subsolanus», de las regiones de Levante. Tiene, a su mando, 10.000 ministros diurnos, 200.000 nocturnos, y muchos otros innumerables, sometidos a éstos. Son los portadores de la telepatía. «Esos espíritus son buenos y benévolos y no procuran daño a quien opera a través de ellos, a menos que no sea malvado e inexperto en esta arte.».

CAMUEL.

Señor del viento llamado Euro. Tiene bajo su mando a diez espíritus: su menester es el de acompañar y proteger a los viajeros, a los caminantes y a los peregrinos. Según las observaciones de Tritemio, su aspecto es muy colorista y luminoso.

ASELIEL.

Príncipe que tiene su residencia en el Sureste, domina el viento llamado «Euroauster». Manda cuarenta ministros principales con sus servidores. Tanto el Príncipe como sus innumerables vasallos protegen a las personas enamoradas y custodian celosamente sus secretos.

BARMIEL.

«Príncipe Supremo» vive en el Sur, en la residencia en la cual domina el viento llamado «Auster». Tiene bajo su mando a diez príncipes que presiden las operaciones desarrolladas en las horas diurnas, y otros tantos en las horas nocturnas con sus correspondientes Ministros. Su misión es la de proteger a los que se están mudando de una ciudad a otra, ayudándoles a aclimatarse y favoreciendo nuevas amistades. Pero Tritemio nos pone en guardia: «No te fíes de los ministros, que son soberbios y maliciosos; sí del Príncipe, que es bueno, tranquilo, fiel, y muy bien dispuesto»-

GEDIEL.

Es un gran Príncipe de las mansiones del Sur. Domina el viento llamado «Aust-Africus». Tiene bajo su mando a veinte Príncipes para las operaciones diurnas, y otros tantos para las nocturnas, juntamente con innumerables servidores...

Tiene el menester de anunciar la llegada de peligros contr los que debemos tomar precauciones, sobre todo en lo que respecta a la defensa de las casas y de los castillos.

ASIRIEL.

Príncipe supremo de la residencia de África (Suroeste). Tiene veinte ministros para el día y otros tantos para la noche.

Guardan los proyectos de los hombres y los llevan hasta su realización. Aseguran la benevolencia de los poderosos.

MASERIEL.

Príncipe supremo que reside en la mansión expuesta al dulce viento de Céfiro (antiguamente llamado también Faonius). Posee sesenta espíritus principales y un gran número de sirvientes. Su misión es la de revelar a los humanos los secretos de la filosofía, de la magia y de las ciencias. Tritemio advierte que son espíritus buenos, gentiles; llegan sin hacer gran confusión y sin espantar a nadie, (¡quien sabe los otros!) menos « a aquellos que tienen la presunción de invocarles sin conocer los verdaderos fundamentos del arte, que nadie puede alcanzar sin un Maestro».

MALGARAS.

Príncipe supremo que reside en la mansión del Viento de Occidente. Tiene a sus órdenes treinta espíritus para las operaciones diurnas y otros tantos para las nocturnas. Su deber es el de proteger las amistades y evitar traiciones. Los espíritus de las horas diurnas son buenos y obedientes, mientras que los nocturnos son susceptibles y aparecen a menudo como murciélagos.

DOROTHIEL.

Príncipe supremo que habita en la zona donde reside el viento del Mistral (antiguamente llamado Chorus). Tiene debajo de sí numerosos príncipes y vasallos. Su misión es la de favorecer todo aquello que respecta a las donaciones, testamentos, heredad, designaciones y avances en la carrera. Sus numerosos espíritus subordinados son alegres y dispuestos a la obediencia.

USIEL.

Espíritu supremo (extrañamente éste no es un príncipe como los otros). Habita en aquella región de los espacios azules en la que sopla el viento del noroeste, llamado Subcircius. Tiene bajo sus dominios cuarenta espíritus principales para las horas del día y otros tantos para las nocturnas. Su menester es muy interesante para los humanos. De hecho, desvelan los lugares de los tesoros escondidos en las entrañas de la tierra. Tienen un buen carácter y se presentan voluntariamente con la máxima alegría.

GABRIEL.

Príncipe supremo, pero que no debe ser confundido con el Arcángel Gabriel, quien es una entidad distinta. El Príncipe Gabriel reside en la mansión en la que sopla el viento denominado Circius. Tiene bajo su dominio a veinte espíritus principales para las operaciones diurnas y otros tantos para las nocturnas. La misión de estos espíritus es proteger a los niños y ayudarlos en su crecimiento.

RAYSIEL.

Príncipe que reside en la mansión del viento de septentrión y bajo cuya potestad hay cincuenta espíritus para las operaciones diurnas y un número igual para las nocturnas. Su menester es el de favorecer a los comercios y a los comerciantes haciendo prósperos los negocios.

Es preciso, sin embargo, que quien se avecine a ellos sepa que tienen un carácter muy mudable. Alegres y simpáticos los espíritus diurnos, insolentes y burlones los nocturnos. Si no se les tiene perfectamente sujetos con las invocaciones precisas, tienden a aterrorizar a las personas poco prácticas.

Symiel.

Príncipe supremo que reside con el viento de tramontana llamado también «Aquilón». A sus órdenes hay diez espíritus principales para las operaciones diurnas y un gran número de subordinados para cada uno de ellos. Aún teniendo muchos seguidores nocturnos, el abad no ha logrado identificarlos con seguridad. Su misión es la de favorecer la carrera militar y política. Aunque sean espíritus sociales, no obedecen a todos, si no se está bien preparado para dominarlos, pueden ser muy peligrosos.

Amadiel.

Príncipe supremo que reside en las regiones en las que sopla el fuerte viento de Borea, tiene, bajo su dependencia, gran número de espíritus principales.. Su deber es mantener la fidelidad entre quienes se aman.

Baruchas.

Príncipe supremo que reside en la zona celeste del viento de Grecale, antiguamente llamado Vulturnus. Tiene bajo sí a muchos príncipes y ministros, cuyo menester es el de relacionar sobre las secretas intenciones de los señores a sus súbditos y a sus amigos. No están dividido en trabajadores diurnos y nocturnos, por lo que se presentan a cualquier hora que se les quiera invocar. Tienen un buen carácter pero es mejor no invocarles si no es por un motivo serio.

LOS ÁNGELES EN LA NUEVA ERA

Los ángeles volverán

Más allá de todas las posibles implicaciones históricas, artísticas y filosóficas, más allá de todas las Sagradas Escrituras de todo tiempo, hay nuevas realidades que comunicar, puesto que, como hemos visto, los ángeles llevan mensajes y enseñanzas en todas las épocas del largo camino del hombre.

Ha habido mensajes para el pueblo de Israel, que se estaba liberando de la esclavitud. Ha habido presencias angélicas en todo el desarrollo del cristianismo. Los ángeles han acompañado a Jesús durante su misión sobre la Tierra, lo han reconfortado durante la agonía y escoltado en la gloriosa Resurrección.

Hasta nuestros días y mucho más allá, el menester del ángel, junto al hermano hombre, es grande, y todavía más grande será en nuestro futuro. Algunas jerarquías de ángeles se desarrollan por medio del hombre, crecen en la misma medida que la evolución de la especie humana. El hombre, a su vez, evoluciona, con la ayuda del ángel, y desarrolla sus posibilidades y sus talentos bajo la guía vigilante del compañero invisible. Es un intercambio constructivo que parece no tener nunca fin.

Recientemente ha aparecido un libro en el comercio, escrito por una monja, en el cual se afirma que los ángeles se han alejado de la Tierra, indignados por el comportamiento del hombre, pecador y masacrador.

Nada más equivocado. Incluso, propiamente en esta época, se están poniendo las bases para preparar a la humanidad para una nueva y gran venida de ángeles.

Una pequeña parte de razón, por lo demás, tiene la monja, y se refiere al carácter feroz de la raza humana. Indudablemente, el hombre es un pésimo sujeto, capaz de toda atrocidad, pero no olvidemos que (según las Sagradas Escrituras) ha sido creado a imagen y semejanza divina. A imagen y semejanza de aquel Dios del cual todas las legiones angélicas (y diabólicas) dimanan y al cual también están sometidas.

El hombre está dotado de libre albedrío, puede elegir y decidir bajo su total responsabilidad, presente y futura, si operar con el bien o con el mal. ¡El ángel no!

El ángel representa la férrea aplicación de una ley: la divinidad habla y el ángel obedece, sin posibilidad alguna de interferencia o de discusión con el Verbo.

Hubo, es verdad, una rebelión al principio de todos los tiempos, pero todo ello entraba indudablemente en la voluntad divina de expresar la dualidad, de evidenciar el Bien y el Mal, de crear acaso una prueba formal. Desde aquel momento en adelante los papeles han permanecido inmutables hasta cuando Dios decida lo contrario. Pero nosotros no estaremos allí para observarlo.

La necesidad de colaborar

En la Nueva Era, a la fraternidad y a la colaboración entre hombres y ángeles se le ha reservado una gran tarea. Pero, para que esto ocurra es necesario que la mente y el corazón de los hombres, de una gran masa de hombres, estén abiertos a la realidad de su existencia.

Si en los hombres existe la duda, la incredulidad o incluso la mofa hacia las legiones Celestes, ¿cómo pueden estas criaturas penetrar en nuestra vida diaria?

Los ángeles sanadores, por ejemplo, están parados delante de los lugares donde los humanos sufren, pero son inoperantes junto a las camas de los enfermos en las salas de los hospitales. Podrían hacer grandes cosas, podrían verter sobre nosotros el don de la curación, del cual son portadores, dispensar consuelo y salud, pero son poquísimos los hombres que invocan su ayuda, haciendo inútil y desesperada su presencia.

Es necesario establecer un sólido puente entre los ángeles y los hombres, pero a esta construcción deben colaborar todos.

Este trabajo ha sido iniciado con la Nueva Era y ya se empiezan a entrever los primeros excitantes frutos. Inesperadamente desde las fuentes más diversas, no necesariamente de origen cristiano (¡al revés!) se ha comenzado a hablar de ángeles.

El tema del ángel ha entrado en las nuevas composiciones musicales, en el arte, en la meditación; está insinuándose con extrema dulzura y persistencia en el pensamiento y en la filosofía de nuestros días. Incluso la publicidad utiliza imágenes angélicas para promocionar sus productos... Éstas son solamente las primicias de un movimiento aún mucho más vasto que andará desarrollándose en los años venideros.

Todos somos los constructores de la Nueva Era. Con firmeza y tenacidad, pero con absoluta libertad, estamos llamados a aportar nuestra contribución de «ladrillos» hacia aquel puente que guiará a los ángeles hacia nosotros.

Sobre la próxima venida de los ángeles no hay muchos textos en circulación, y los pocos o no están traducidos a nuestro idioma o, como ocurre con frecuencia a las temáticas que traen esperanza al corazón del hombre, los libros son difíciles de encontrar pues han sido publicados por pequeños editores de buena voluntad, que quedan fuera de la difusión comercial de la distribución. Sin embargo, ésta funciona muy bien para tantas y tan inútiles novelas que, una vez leídas, no dejan ninguna huella en el alma del lector.

Uno de los textos más interesantes, aunque no de fácil lectura, es *Esteriorizzazione della gerarchia*.[1] Es uno de los muchos libros que el Maestro tibetano D. K. canalizó por medio de Alice Bailey en el transcurso de más de 50 años, a comienzos de siglo.

Considerando que también este texto es difícil de encontrar, cito textualmente algunos de los párrafos más significativos (pág. 474 y siguientes).

«Podría ser interesante hacer notar que cuando venga Aquel que los ángeles y los hombres esperan y cuyo trabajo consiste en inaugurar la Nueva Era, completan-

---

1. Alice Bailey, Ed. Nuova Era, Roma 1985.

do así lo que inició en Palestina dos mil años ha, traerá consigo algunos de los Grandes ángeles así como también algunos Maestros.

»Los ángeles siempre han estado activos en la historia bíblica y entrarán de nuevo en la vida de los seres humanos con mayor poder que el que tuvieron en los últimos tiempos.

»Se les ha enviado un llamamiento a fin de que se avecinen de nuevo a la humanidad, y con sus vibraciones más elevadas y con su superior conocimiento, unan sus fuerzas a la del Cristo y sus discípulos para ayudar a la raza.

»Por ejemplo, deberán comunicar muchas cosas en relación al color y al sonido, y al efecto de estas dos fuerzas sobre los cuerpos etéreos de los hombres, de los animales y de las flores. Cuando todo esto que Ellos enseñen sea aprendido por la raza, los males físicos y las enfermedades serán eliminados.

»El grupo de ángeles o Devas violeta que operan sobre los cuatro niveles etéreos, será particularmente activo... Estos cuatro grupos de ángeles son un conjunto de servidores consagrados al servicio de Cristo y su trabajo consiste en entrar en contacto con los hombre para instruirlos.»

El texto continúa con la indicación de los argumentos específicos mediante los cuales ocurrirá el adoctrinamiento o sea:

«1) Enseñaremos a la humanidad a ver etéricamente y lo hará elevando la vibración humana con la interacción de la suya.»

En otras palabras, nos elevarán un escalón haciéndonos un poco menos materiales y un poco más semejantes a ellos. Este empuje cualitativo de nuestro modo de ser, nos permitirá adquirir la así llamada «visión etérica», aquella que hoy definimos con muy rudimentaria aproximación como «clarividencia»; pero será algo mucho más refinado.

«2) Darán instrucciones sobre el efecto de los colores en la curación de las enfermedades y en particular de la eficacia de la luz violeta en aliviar los males humanos y en curar las enfermedades del plano físico, que tienen origen en el cuerpo etérico.

«3) Los mismos pensadores materialistas, (los científicos, n.d.a.) demostrarán que el mundo del superconsciente existe, y que es posible conocer a los ángeles y a los hombres que no están encarnados físicamente y no poseen un cuerpo físico, y que se puede entrar en contacto con ellos.

«4) Instruirán a los seres humanos en el conocimiento de la física suprahumana, de modo que el peso pueda ser transmutado, el movimiento será más rápido, la velocidad será acompañada por la ausencia de rumor de fricción, eliminando así la fatiga.

»En el dominio humano de los niveles etéreos reside la superación de la fatiga y el poder de trascender el tiempo.»

Debemos precisar a los lectores que estas líneas fueron escritas en 1919 cuando Einstein y su teoría de la relatividad estaban todavía lejanos en el tiempo y el espacio...

Debemos tener presente que quien dictaba estas palabras a Alice Bailey no era un común mortal, era uno de los Maestros de la Jerarquía, con pleno conocimiento del Plano Evolutivo de la humanidad.

Releído hoy, este mensaje parece preanunciar el descubrimiento de una nueva fuente de energía con posibilidad de intervenir sobre la fuerza de la gravedad, y consecuentemente, de aligerar la fricción, el ruido y la fatiga. Por ahora, un descubrimiento de este género parece lejano y sin embargo, es muy posible...

Incluso habiendo comprendido (después de Einstein) que tiempo y espacio son relativos al punto del que son observados, aparece muy sorprendente el concepto de que en los niveles etéreos humanos resida la posibilidad de trascender el tiempo.

«5) Enseñarán a la humanidad el modo de nutrir correctamente el cuerpo y de extraer el nutriente necesario del etéreo circunstante. El hombre concentrará la atención sobre el cuerpo etérico, y el funcionamiento y la salud del cuerpo físico serán cada vez más automáticos.»

Indudablemente, con este salto cualitativo, también la cadena alimenticia será modificada. El actual ciclo se basa sobre una cruel y sanguinaria ley de sacrificio de un reino en relación con el otro.

No será ya necesario matar a otros seres, bien sean animales, vegetales o minerales para alimentarse. Esto llevará a una notable mejoría del campo etérico en el que la humanidad deberá vivir, pues el grito de dolor que se eleva al cielo desde los mataderos, de los caladeros de pesca, pero también desde las minas, de las plantaciones y de los huertos domésticos, continúa resonando ininterrumpidamente, y viene absorbido por cada cosa animada o inanimada comunicándole ese sufrimiento.

Nuestro planeta no es un inerte amasijo de minerales que rueda en el espacio si no una criatura viva con un «corazón» etérico pulsante y sensible. Los sufrimientos infligidos a uno de los reinos vivientes: mineral, vegetal, animal o humano, se comunican istantáneamente en el etéreo cósmico circunstante, y vuelve a calar, y por tanto a hacer sufrir, todas las cosas, puesto que todo es Uno.

«Con el crecimiento de la sensibilidad de los hombres en los próximos años, la facultad telepática de los hombres y su capacidad de responder a la inspiración interior se desarrollarán y manifestarán cada vez más. Con el desarrollo de la telepatía intuitiva, y con la creciente comprensión del poder del color y del sonido, se entrará en contacto con el trabajo del Cristo y de los Grandes Seres, y se entenderá... La fecha está al caer.»

EL COLOR VIOLETA

Equilibrio cósmico

El futuro que espera a la humanidad, ayudada por la cooperación de las legiones angélicas, es grandioso y ya se entrevén las primeras, confusas vanguardias. Veámoslo juntos.

Hasta hace pocos años era impensable la idea de proponer ropas, tejidos, cortinas, mantas y objetos varios de color violeta.

El violeta ha sido injustamente considerado durante siglos como un color «desafortunado». Esta creencia ha sido alimentada por el hecho de que los ornamentos sacerdotales en la liturgia fúnebre o cuaresmal son, en efecto, violetas.

Desde el punto de vista esotérico, observando las cosas del lado oculto, reservado a pocos, se sabe por el contrario que el violeta es el color del equilibrio cósmico que presupone la iluminación.

Nace del cruce entre el rojo, color «horizontal» de las pasiones materiales terrenales, y el azul, el Espíritu que trasciende la materia elevándose hacia el cielo.

De la «crucifixión» cósmica entre los dos colores, nace el equilibrado violeta, en el que el azulado espíritu modera la roja pasión, la sabiduría prevaleciendo sobre el impulso.

Nace así, en este «estado de gracia» en el cual cuerpo y espíritu, mente y materia, se encuentran en una situación privilegiada, la posibilidad de hacerse receptivos, abiertos a la energía de iluminación que libremente fluye de los planos superiores.

Pero más allá de las cosas ya conocidas hay muchas otras que todavía no han sido introducidas en los planos del conocimiento humano. Los Maestros nos informan por medio de canales ocultos que en los planos de la evolución está previsto que dentro de este siglo debemos hacernos receptivos al color violeta.

Para que esto ocurra es necesario que mentes humanas, particularmente sensibles, capten este tipo de información de los planos sutiles y la difundan en el mundo físico.

El aprendizaje nocturno

Generalmente, las mentes predispuestas son seleccionadas y los individuos instruidos ocultamente durante las horas del sueño. Estas personas, provenientes de todo el mundo, de ninguna manera se imaginan que forman parte de los planos evolutivos de la humanidad. Con frecuencia son artistas, pintores, músicos, científicos, religiosos innovadores, escritores, estadistas, actores, estilistas y, por qué no, también políticos y publicistas; todos sirven a la Gran Causa.

Se trata, en su mayor parte, de individuos de mente elástica, con una buena base de conocimientos en su sector específico, predispuestos al estudio, a la creatividad, capaces de grandes avances innovadores, abiertos a la genialidad y a la intuición.

Sería del todo inútil inspirar una sinfonía maravillosa a un hombre que no conozca las leyes de la música; no estaría en condiciones de transcribirla y de hacer un don al resto de la humanidad. Los Maestros habrían echado a perder así sus propias energías..

¿Qué es en el fondo una obra de arte o un gran invento? Aparentemente es la creación concebida por la mente de un artista; ocultamente, por el contrario, es una idea sugerida y «pilotada» desde los planos superiores por entidades encargadas de este menester y que tienen como objetivo la evolución del hombre en todos los planos, puesto que la evolución espiritual va al paso con la tecnológica.

En tanto el hombre no sea liberado de las necesidades materiales más inmediatas, tendrá poco tiempo y espacio para mirarse interiormente. Un hombre desesperado y hambriento difícilmente buscará la trascendencia, dará la prioridad al alimento...

Las intuiciones «sugeridas»

Volvamos a nuestro color violeta del que nos hemos servido como ejemplo. Cerca del año 1975, con el inicio de la Edad del Acuario, este color fue magnetizado desde lo alto, pues era el momento justo para iniciar el trabajo de sensibilización de la humanidad.

Si se deberá trabajar colectivamente con el violeta, por ejemplo, en el 2050, será necesario comenzar a introducirlo en el género humano casi un siglo antes, puesto que los humanos son obstinados y emplean muchos años para asimilar un concepto nuevo.

He aquí que en 1975, con un buen margen de anticipación sobre el tiempo previsto, un grupito de humanos extravertidos y genialoides, comenzaron a viajar contracorriente y a apreciar el color violeta.

Puede ocurrir que sastres fantasiosos lo introduzcan en los nuevos desfiles de moda; el público reacciona bien, el nuevo color, en tonalidades inicialmente muy delicadas, es aceptado favorablemente. Se comienza así la producción en serie de tejidos y accesorios de este color. En el alto, recordémoslo, están los Guías que empujan este proceso.

«Inexplicablemente» en la nueva tonalidad resulta agradable a los humanos, la encuentran favorecedora, relajante.

Convencidos de que deciden con su propia cabeza, comienzan a rodearse de este color, a pintar las habitaciones de sus viviendas, de sus oficinas...

La industria, siempre sensible (por motivos de lucro) a los gustos del público, inicia la producción de papeles de pared en todas las tonalidades del violeta, desde el pálido rosa lila al púrpura profundo; los hay para todos los gustos.

A continuación les siguen las industrias de ropa interior y tejidos para decorar. Cortinas, mantas, sábanas, edredones , y también salones, moquetas, divanes, mesitas, se producen en este mórbido color que, quién sabe por qué, hace enloquecer al público.

El verdadero motivo (el oculto) lo conocen poquísimos y no lo revelan para evitar obstaculizar el trabajo de los Maestros. Los humanos saben también ser imprevisibles y caprichosos. Si supieran que están siendo introducidos en un Plan preestablecido, serían capaces de cualquier cabezonada justamente para demostrar su propia independencia.

El gran público, acaso, conocerá las auténticas motivaciones en el momento justo, en el 2050, como estaba establecido en los Planos.

Del mismo modo, se está preparando a la humanidad a familiarizarse con la realidad de la presencia angélica. Serán necesarios cien, acaso doscientos años de pioneros que lleven adelante el discurso de las jerarquías celestes. Y vosotros, que leéis esto, estáis entre ellos...

Cuando una buena parte de los seres humanos haya aceptado la colaboración con estos Seres Superiores, sólo entonces podrán manifestarse entre nosotros y darnos lo mejor de sus dones.

LOS ÁNGELES ENTRE NOSOTROS

Ángeles y materia

En el universo visible, cada partícula de materia creada está gobernada por una inteligencia.

Desde el más pequeño átomo al sol más esplendoroso, hay un orden preestablecido y hay una inteligencia consciente que lo controla a fin de que cada cosa se desarrolle según el Plan preestablecido.

En un universo tan inmenso nada se mueve de modo casual. Una Ley de absoluta perfección y armonía rige el movimiento, y el movimiento es vida.

La circulación de la sangre en el cuerpo humano, sigue un ciclo perfecto, igual en la cadencia y en el «modelo» al ciclo de las mareas, a las fases lunares, al soplar de las brisas. Cada cosa sigue su propio orden. Cada célula «sabe» exactamente cómo debe comportarse, cada planeta «conoce» cuál es su elíptica y su órbita en el ámbito de la galaxia a la que pertenece.

Los pájaros construyen los nidos con arquitectura admirable, las plantas alternan los brotes, flores, frutos y casi sin cometer errores, en un perfecto equilibrio de conocimiento y belleza. ¿Dónde han aprendido el arte de crear colores, perfumes, sabores? ¿Qué calendario interno hace abrir o cerrar las corolas y caer las hojas o las semillas?

En el universo todo es orden, equilibrio, armonía y sobre todo, concienciación. Hasta la más invisible partícula subatómica sabe exactamente sobre qué órbita rodar y cómo agregarse. ¿De dénde llega toda esta conciencia? ¿Quién la infunde en la materia?

Ni siquiera queremos tomar en consideración la idea materialista de que la vida en la Tierra se haya autocreado. La ciencia afirma que la vida ha tenido origen sobre el planeta por una serie increíble de coincidencias: presión, temperatura, un fortuito cóctel de proteína y aminoácidos inmersos en la justa dosis de humedad, radiaciones, etcétera. Científicamente, para la materia puede ser correcto. Sólo que falta un elemento «insignificante»: la chispa divina.

Recuerdo haber leído un día una interesante cita: «Existen tantas probabilidades de que la vida se haya activado casualmente como las que hay de que un diccionario nazca perfectamente impreso y encuadernado de la explosión de una tipografía».

El equilibrio es una virtud indispensable si queremos examinar las cosas a nuestro alrededor. Equilibrio en no aceptar por oro de ley cualquier rareza espiritual, religiosa o esotérica, y también equilibrio en no rechazar, a priori, un argumento porque nos parezca irracional o inexplicable.

Hoy es más necesario que nunca trazar aquel mágico, pero aún lejano puente entre la ciencia materialista y el espíritu posibilista, solamente entonces se aclarará el misterio y la mirada del hombre podrá desplegarse sobre dos mundos.

Para comprender cuanto sigue, es necesario dejar de lado, por un momento, los propios preconceptos y condicionamientos científicos. Probad a aceptar la idea de que en el universo, todas y cada una de las partículas de materia creada son guiadas en su destino y en su función por una inteligencia. A su vez, esta inteligencia singular está guiada por una inteligencia mayor y ésta por otra mayor todavía, etcétera. Es como un inmenso juego de cajas chinas en cuyo vértice, infinitamente lejano, pero siempre presente, está Dios.

Pongamos un ejemplo. Nuestro cuerpo funciona por que un complejo conjunto de órganos está en constante movimiento. Que lo recordemos o no, hagamos lo que hagamos, nuestros pulmones respiran, el corazón pulsa, el hígado elabora complejas alquimias...

A cada órgano le corresponde una inteligencia que sabe exactamente cuál es su deber, en qué momento y en qué lugar.

En el de descompensaciones de cualquier tipo, todas las inteligencias colaboran juntas para reparar el daño. Por medio de los neurotransmisores se manda al cerebro la señal de dolor, parten los anticuerpos, las endorfinas, piastrinas, linfocitos, o cualquier otro sistema de intervención urgente interna.

Con perfecta sincronía y supremo conocimiento, las inteligencias elementales proveen, por sí solas, a remediar los daños, naturalmente dentro de ciertos límites.

Estas inteligencias no están controladas por el hombre, se activan independientemente de su voluntad.

144

El mismo despliegue de fuerzas reparadoras es connatural en todos los otros reino de la naturaleza. Se activa en el cuerpo de los animales, en la planta cuando se corta una flor, o sobre la roca que se «autocicatriza» después del golpe del pico.

Existen Devas «arquetipos» de cada especie creada que conservan el «modelo original», reconstruyendo, reparando, interviniendo cada vez que ocurran mutaciones.

El ángel es Ley

Hemos hablado hasta ahora de «inteligencia» que guía a cada una de las partículas de la materia. Ahora probemos a sustituir la palabra inteligencia por la palabra «ley».

Cada cosa creada responde a precisas leyes que establecen su movimiento y sus funciones.

En el universo, para mantener la vida, todo es movimiento; también los organismos que nos parecen inanimados, como los minerales, tienen un movimiento interno. Los átomos del cuarzo giran en torno a su eje central, exactamente como los átomos de las células humanas o los grandes planetas giran alrededor de su sol. Cada cosa creada responde a una precisa ley de energía-movimiento-armonía y en cada uno de los reinos de la naturaleza existe el deseo de evolución hacia una meta superior, pues vida, inteligencia y concienciación penetran todas las cosas.

El reino mineral, que vive en los recovecos oscuros de la Tierra, desea efectuar el pasaje de la naturaleza inerte a la radiactiva en el que se expande hacia la materia circunstante, el primer paso hacia el gran sueño: la luz.

El reino vegetal ya vive y se expande por medio de la luz. Su deseo es la emanación del perfume pero sobre todo el movimiento. El vegetal sueña en la libertad del vínculo de las raíces.

El reino animal, en sus infinitas formas, tiende a la trasformación hacia el reino superior; por la domesticidad y el sacrificio; el elemento iniciador del reino animal es el hombre, que debe conducir el alma animal hacia la liberación a través de sus características propias: domesticidad, afectuosidad, fidelidad.

Cada vez que un ciclo vital se cumple, una serie de animales atraviesa el pasaje de la evolución y entra a formar parte de la individualidad humana.

El reino humano, que ya ha realizado todos los deseos de los reinos inferiores, tiende al reino inmediatamente superior, aquel reino super humano, el quinto reino en el que se mueven las entidades angélicas y los Maestros de Sabiduría. Ésta es la meta del hombre, hacerse uno de ellos.

Existen también Seres, profundamente distintos del hombre, que se ocupan de la aplicación de estas leyes. Seres conscientes, carentes de libre albedrío, que no pueden ejecutar elección alguna sino la ejecución de su menester, pero sometidos a las leyes del karma.

Para que nos entendamos, la Angelicalidad que rige la fuerza de la gravedad no puede ser puesta en la condición de elegir, no puede decidir por propia iniciativa: «Estoy cansado de este encargo tan aburrido, voy a ocuparme de los vuelos de los pájaros...»

Si esto pudiese ocurrir, todo el sistema planetario caería en la ruina. En una fracción de segundo, el trabajo evolutivo para el que han sido necesarios muchos millones de años sería destruido...

Dios no deja nada a la improvisación. En sus diseños de absoluta perfección, no hay lugar para las inteligencias rebeldes. El hombre es algo absolutamente especial, creado (esperemos) a Su imagen y semejanza.

También la rebelión primera de la que nacieron las Fuerzas Oscuras ha tenido indudablemente un papel en la creación, papel que Dios ha preestablecido y que no nos es dado conocer, en cuanto que somos criaturas y no creadores. El ángel, por tanto, sigue rígidamente y sin posibilidad de apelación, antes al contrario, con gozosa conciencia, el deber que le ha sido confiado por grande o pequeño que sea.

En el universo, todo se mueve según una ley de armonía infinitamente grande y perfecta, que el hombre percibe con estupor, aunque no siempre se le adapte.

Los científicos son, entre los seres humanos, quienes con más frecuencia chocan contra esta incomparable ley y, sin embargo, entre ellos sólo algunas almas elegidas entrevén la presencia de una Mano Divina...

Los ángeles constructores

Los ángeles, por tanto, en una escala de Seres de todo orden y grado, representan las inteligencias que están detrás de toda cosa creada. Ellos conocen las leyes según las cuales la materia se agrega, y se evoluciona en una forma definida.

El ángel arquetipo de una cierta forma, por ejemplo la encina, por medio de sus legiones de constructores hará de modo que todas las encinas de la Tierra crezcan y se desarrollen según el mismo modelo.

Entre un árbol y otro habrá pequeñas diferencias. Y pequeñas diferencias habrá entre una hoja y otra del mismo árbol. En la naturaleza no existen dos cosas absolutamente idénticas: dos hojas, dos hombres, dos copos de nieve.

Cada hoja, como hombre, aún siendo semejantes, poseen una propia identidad única e irrepetible. Esta unicidad es posible, pues también los Devas, constructores de formas, aún siendo multitudes de muchos millones, conservan cada uno su propia y precisa individualidad. Cada uno de ellos construye la forma de la cual es el custodio: «a su imagen y semejanza» en un modo que es exclusivamente suyo. Igual a todas las otras pero no idéntica.

A diferencia del hombre que puede cumplir de mala gana el deber que le ha sido confiado, cometiendo errores por negligencia o deliberadamente, por mala fe, el ángel desenvuelve con alegría la única misión que la Inteligencia Divina le ha confiado, pues ésta es la única finalidad de su vida.

El Deva constructor de las hojas de encinas, construye solamente aquéllas y nada más... Cuando los batallones de constructores hayan permitido a la espléndida encina formarse, un solo ángel tendrá su total custodia. Su trabajo estará en sintonía con todas las multitudes de constructores, desde las raíces a las ramas, y a las hojas, a las bellotas, siguiendo el esquema arquetipo de todas las encinas del planeta. A su vez, el

Deva de la encina trabajará en colaboración con todos los custodios de todos los árboles del bosque.

El bosque tiene un ángel tutelar, que vigila no sólo la vida de árboles, flores y frutos sino también la de las rocas, de los pequeños y grandes animales que viven en su ámbito, y también la de aquellos hombres que allí residen o que por allí transitan.

El «Custodio del bosque» depende a su vez del ángel que custodia el valle o la montaña, el así llamado «Señor del lugar». Y si en el valle existen cursos de agua, lagos, construcciones, existirán sus correspondientes ángeles para cuidar de ellos, subalternos todos del «Señor del lugar».

A su vez, el Ángel del Lugar colabora activamente con el ángel de la Región, etcétera, pues no existe sobre la Tierra un lugar geográfico, con todos sus habitantes (minerales, vegetales, animales o humanos) que no esté sometido a la tutela de un ángel.

Las características naturales de un lugar: colinas, llanuras, valles, la misma vegetación, son en cierta manera el «cuerpo físico» por medio del cual el ángel se manifiesta a la percepción humana.

El ángel no necesita cuerpo físico, su esencia es pura energía no visible. Es como un aura variamente coloreada que se adapta a la forma física de la «cosa» de la que es custodio, sea una flor, un río o una roca.

Los ángeles y los lugares

El ángel influye con su aura la del lugar; pero también el lugar; modificándose con el transcurso del tiempo, producirá modificaciones en el aura misma del ángel, puesto que todo está estrictamente relacionado entre sí.

Cuando en un lugar, desde siempre bajo la custodia de un ángel, se establece un pueblo, el influjo recíproco es aún mayor y más eficaz. No olvidemos que entre Ellos y nosotros existe un intercambio muy estrecho.

El ángel ayuda a la evolución humana (o mineral, vegetal, animal) pero a su vez «crece», evoluciona junto con la «cosa» que custodia y que él mismo ha ayudado a «crecer». Los ángeles tutelares de los diversos pueblos de la Tierra, «crecen» en el plan evolutivo junto al pueblo al que están ayudando. Veamos si podemos ejemplificar este concepto tan importante.

Cito textualmente las palabras de Steiner que contienen una grandiosa visión del conjunto:[1]

«Todos sabemos que la superficie de la Tierra es diferentes en las diversas partes del globo, y que en las diversas regiones se encuentran las condiciones más desiguales de desarrollo de los caracteres particulares, de las cualidades de los pueblos.

»La conciencia materialista dirá que el clima, la flora y quizás el agua de una determinada región de nuestra Tierra, junto con muchas otras cosas, determinan la manifestación de las características del pueblo que lo habita. No hay que extrañarse si la conciencia material, la conciencia del plano físico juzga de ese modo puesto que conoce, en efecto, sólo lo que es visible a los ojos físicos.

---

1. Rudolf Steiner, *La missione di singole anime di popolo* (Antroposofica Milano, 1983).

»Para la conciencia clarividente, sin embargo, desde cada punto de nuestra Tierra se eleva en realidad una singular nube espiritual, que hay que indicar como el aura etérica de aquella particular región. Este aura etérica es totalmente distinta, sobre la superficie de Suiza o sobre la de Italia; y aún más distinta sobre Noruega, Francia o Alemania.

»Así como todo hombre tiene su cuerpo etérico, así sobre todas y cada una de las regiones de nuestra superficie terrestre se eleva una especie de aura etérica.

»Las auras que se elevan sobre las regiones, se alteran en el curso de la evolución humana en cuanto un pueblo abandona su sede y toma posesión de otra región de la Tierra.

»El hecho característico es que, realmente, el aura etérica que está sobre una región determinada no depende solamente de cuanto surge del suelo, mas también del pueblo que por último ha establecido allí su residencia.»

Existe, como hemos visto, un intercambio entre el ángel del lugar y sus habitantes. Pero hay mucho más, es un recorrido gradual y ordenado.

El aura de una ciudad está compuesta por la suma de las auras de todos sus habitantes, por buenos o malos que ellos sean, sumada a la emanación típica del lugar.

Auras de todos los tipos contribuyen a crear una aura sola, y ésta influirá, a su vez, en el cuerpo etérico del ángel que custodia la ciudad.

Éste es uno de esos conceptos que se comprenden mejor con el corazón que con la mente, pero trataremos de profundizarlo más adelante.

Los ángeles del hogar

Todos y cada uno de los individuos tienen, como bien sabemos, un ángel custodio propio. Cada núcleo familiar, a su vez, tiene otro.

Bien lo sabían los antiguos, que tenían una verdadera veneración por las pequeñas divinidades que vigilaban el hogar doméstico. Los Lares tenían su puesto de honor; en cada casa existía el Arca, una especie de tabernáculo hacia el cual se dirigían los saludos de la familia al alba y al ocaso, el brindis en cada comida, las ofertas de flores, fruta y de todas las primicias.

Cuando la familia se trasladaba a otra vivienda, antes que nada se purificaban los ambientes, y después llegaba el Arca, con los Lares para que tomaran posesión, antes que nadie, de la «Domus».

Los Lares (o los Penates, el nombre cambia según las culturas) estaban insertos en el ámbito de la familia, como si formasen parte activa de ella, siempre, claro está, con pleno respeto a su naturaleza divina.

Encontramos una criatura muy semejante en la cultura coránica, el «Djinn». Es un ser sobrenatural que posee un «cuerpo, formado de vapor o de llama, dotado de inteligencia, pero no perceptible a los sentidos humanos. Cuando lo decide, puede manifestarse bajo formas diversas y puede también llevar a cabo trabajos pesados.

El *Corán* (Sura LV 14) dice que han sido creados de una llama sin humo, y que pueden colaborar a la salvación de los seres humanos. Sus relaciones con los hombre eran oficial y legalmente reconocidas por el Islam.

El Djinn, invisible pero real, toma parte en los más importantes acontecimientos de la vida de la familia, como cesiones de propiedad, matrimonios, nacimientos... La fábula de Aladino, el Genio de la Lámpara fiel a su dueño asume, por lo tanto, una colocación más probable a nuestro ojos.

La llegada del Deva

Además del ángel que custodia a una familia, existe otro que tiene cuidado del edificio en el cual residen los humanos, sea ello una villa, una chabola, escuela, rascacielos, biblioteca o supermercado.

Hay un momento preciso en el cual el Deva «toma posesión» del edificio. Los hombres celebran este momento, aunque en su memoria el motivo auténtico esté ofuscado....

Por costumbre, en el mundo occidental, cuando se ha terminado de construir el techo de una casa, los trabajadores izan sobre él ramos verdes, flores o, en los últimos años, más prosaicamente, una bandera. Después celebran con brindis arrojando el primer vaso de vino sobre el techo. Es una tradición que todo albañil respeta pero cuyas ocultas raíces hay que buscarlas en un pasado muy lejano.

Este ritual tan simple, corresponde a la antigua «consagración» del edificio. Desde aquel momento, el Numen Tutelar, oportunamente invocado, podía instalarse, la oferta de flores y las libaciones corresponden a la antigua oferta propiciatoria. El moderno brindis, el banquete, las flores, y hasta admitamos la bandera, representan el «sacrificio» incruento con el que se establecía el pacto con la divinidad.

En efecto, una angelicalidad viene atraída al nuevo edificio, y no tanto por el ritual que hoy se desarrolla sin conciencia clara, sino por la idea que hoy está tomando forma en los mundos de la materia.

Las «Formas - Pensamientos»

Toda cosa sigue su propio camino desde el mundo de las «formas - pensamientos» a las de la manifestación. Tomemos simplemente el edificio como ejemplo.

En un primer tiempo, el edificio es imaginado, pensado en una mente humana, después diseñado y al fin construido ladrillo a ladrillo. Esto significa que aquel edificio ha comenzado a vivir en el plano astral en el momento mismo en el que ha sido concebida la idea. Un Deva ha interceptado esta forma pensamiento y la ha seguido paso a paso, desde la mente del «pensador» hasta su «nacimiento» en el mundo de la materia.

En el momento mismo en que la casa ha sido deseada, imaginada, y por tanto pensada intensamente por un ser humano, una señal luminosa se ha encendido en los planos superiores del así llamado «mundo de las ideas». La casa imaginada sobre la Tierra, ha comenzado a «vivir» en el plano astral.

Del mismo modo que la idea viene concretada sobre el papel, igualmente toma consistencia en los planos superiores. Cuando después intervienen otros «pensadores»: ingenieros, arquitectos, diseñadores, carpinteros, etcétera, lo que han «pensado» y también lo «di-

154

señado» acrecienta la consistencia del edificio en el plano etérico y contribuye a atraer numerosos Devas.

A un cierto punto, sobre la Tierra el trabajo comienza físicamente, pero también hay un gran fermento en los mundos invisibles... Junto a los constructores físicos (albañiles, carpinteros, fontaneros, etcétera) se arremolina un grupo de constructores etéreos, bajo la mirada benévola del Deva, que inicialmente ha interceptado y seguido la construcción sobre el plano astral.

Este mismo procedimiento se activa cada vez que se inicia un trabajo de creación, cualquiera que sea: un nuevo ser humano, una flor, un cuadro, un ferrocarril, una galaxia...

Aún cuando pueda proclamar su supremacía sobre lo creado, el hombre no podría desarrollar ninguna actividad abandonado a sí mismo, sin el auxilio de los seres del mundo hiperfísico.

Que el hombre crea o no en su existencia, no cambia nada en la economía del universo; hace solamente más lento y fatigoso su camino evolutivo.

Ángeles en la ciudad

Volviendo a nuestros ángeles en la ciudad, encontraremos uno en la custodia de cada familia. Cada vez que dos individuos forman pareja, a sus dos custodios se añadirá un tercero, puesto que ahora se han convertido en una «familia».

Podrán trasladarse a cualquier parte del mundo, pero el «tercer ángel» les seguirá a todas partes. Y cuando nazcan los niños llegarán con ellos «nuevos» ángeles

155

custodios, pero el ángel de la familia será siempre el mismo.

Pero no será el único que tenga cuidado de ellos. Otro ángel «habita» en cada vivienda, la custodia inmutable, siguiendo la suerte del edificio, tanto en la reestructuración como en las demoliciones o en los bombardeos (esperemos que nunca más).

En los grandes edificios urbanos, en las modernas ciudades dormitorio, podemos suponer la existencia de un Numen Tutelar que sigue la existencia de todo el condominio y de todas las familias que lo habitan.

Existe además el ángel del barrio, inconscientemente alimentado por el sentido localista de sus habitantes, y el ángel de la ciudad, del sector, de la barriada, del grupo alejado de casas.

Existe el ángel de la Región, el de la Nación, el del Continente y así hasta el infinito...

Los ángeles de las Iglesias

Para las iglesias y lugares de culto en general, el comentario es totalmente diferente. Toda religión, por grande o pequeña que sea, además de sus diversos Protectores, Fundadores Santos, Héroes, Maestros, Reinas, etcétera, está puesta bajo la protección específica de una criatura de los batallones angélicos.

Para comprender este concepto, bastan sólo dos líneas del *Bhagavad Gita* (IV, 11): «De cualquier modo que el hombre se me avecine, Yo le doy la bienvenida, pues cualquier sendero que él recorra, éste es Mío».

El Arcángel de la Religión saca directamente su

Potencia y su Energía de la gran Reserva cósmica, y la revierte sobre los ángeles de los grados inferiores que se ocupan de la comunidad eclesial, de los sacerdotes, de los oficiantes, y también de cada una de las iglesias, vistas como edificio.

Una inmensa columna de luz asciende de la Tierra durante las celebraciones grandes o pequeñas y es recogida por los ángeles. Éstos la acompañan hacia lo alto, la enriquecen con la Potencia de los grandes Arcángeles, y así inmensamente enriquecida de fuerza y energía vital, la derraman sobre los lugares de culto y sobre los fieles.

Pero de esto hablaremos más adelante, en el capítulo sobre el papel de los ángeles en la Nueva Era.

Una gran Criatura Angélica es realmente una presencia activa en cada una de las iglesias, templo, sinagoga, convento, santuario, abadía o mezquita.

En todo lugar de culto, de cualquier religión, con la ceremonia de la consagración, se establece un pacto con la angelicalidad.

Mientras haya un simple devoto elevando su plegaria en aquel lugar, el ángel se encargará de escucharla y dirigirla hacia lo alto, aunque transcurra un siglo entre una plegaria y otra.

También las pequeñas capillas votivas perdidas en senderos de montaña, sobre caminitos difíciles, casi olvidados, tienen un ángel tutelar, y el aura de las capillas fulgura si un raro paseante le dirige un pensamiento, una sonrisa o una flor.

Mientras que el lugar no sea desconsagrado con el ritual apropiado, el ángel, indiferente al tiempo que pasa, desarrollará allí su cometido.

Con el ritual de la desconsagración se da la libertad al Gran ángel tutelar. El lugar ya no es «privilegiado», y se convierte en un edificio común, con un común «deva».

Por lo demás, aunque la plegaria se alce de un lugar desconsagrado desde hace siglos, habrá siempre un ayudante invisible para escucharla y elevarla hacia quien sepa intervenir...

El ángel de la Alianza

Continuando nuestro viaje buscando a los ángeles que custodian los diversos lugares y las ciudades, subiendo de jerarquía en jerarquía, cada vez superior, llegamos al Arcángel que guía una nación.

Se le menciona ya en el Antiguo Testamento: «Establecí los confines de los pueblos según el número de los ángeles de Dios» (Deut. 32, 8).

Concepto tomado con clara firmeza de San Basilio, Padre de la Iglesia en el Siglo IV: «Que haya ángeles encargados de naciones enteras, ésta es la enseñanza de Moisés y de los Profetas», y después añade: «numerosos son los Arcontes y los Etnarcas establecidos para proteger y custodiar a todo pueblo a ellos confiado».

Para el pueblo hebreo se hizo un esfuerzo sin precedentes, y por lo demás jamás repetido ni para éste ni para otros pueblos.

Observantes de hasta la más pequeña coma de las Leyes, los hombres de Moisés fueron guiados físicamente, paso a paso, por un desierto traicionero.

El ángel de la Alianza, enviado directamente por

Dios, se manifestaba bien en una nube, bien en una columna de fuego que llegaba hasta el cielo. Aparecía en forma visible sobre el misterioso tabernáculo: «Shekinah, la Gloria del Señor».

Mal'ak Yahvé, éste era su nombre, precedía al pueblo durante los traslados, decidía dónde se debía parar y por cuánto tiempo... Será él quien luche contra el ejército del Faraón y quien separe el Mar Rojo para dejar pasar a sus protegidos.

Moisés mantenía diálogos, bien con el ángel o con Dios en persona, y habla de ellos como de dos entidades perfectamente diferentes, y de dos diversas Entidades recibe las órdenes.

«Yo quiero enviar un ángel delante de ti para protegerte en el camino y para conducirte al lugar que te he preparado... Si le obedeces puntualmente, si haces todo lo que te diga, yo seré el enemigo de tus enemigos y el adversario de tus adversarios.» (Es. 23, 20.)

La Iglesia cristiana se ha preguntado muchas veces desde sus orígenes quién fuese este ángel. Intentaron darle el nombre de Miguel, pero los textos sagrados hebreos eran muy claros. Mal'ak Yahvé (El mensajero de Yahvé).

El cardenal Faulhaber, crítico de angelología (*sic*) escribe con una gran visión: «El llamado ángel de la Alianza era la aparición de Dios en la luz luminosa de su ángel. Antes de tomar forma de hombre y de encarnarse, el Logos ha adoptado en casos singulares y transitorios la vestimenta resplandeciente de un ángel, pero sin transformarse en ángel.»[2]

---

2. Card. M. Faulhaber, *Zeitrufe-Göttesrufe*, Friburgo 1953, pág. 425.

Muchos siglos después será directamente un ángel quien nos revele que es el custodio de una nación y lo hace delante de tres muchachitos analfabetos, que seguramente no podían imaginar, de su propia iniciativa, un tal patrocinio.

En 1917, en Fátima, en la gruta de Iría hubo una serie de apariciones a tres pastorcitos: Lucía, Francisco y Jacinta. Una espléndida criatura luminosa comenzó a dialogar con los tres muchachos, enseñándoles a orar. Este Ser apareció por tres veces y dijo explícitamente: «Yo soy el ángel de Portugal». Solamente después de estos encuentros preparatorios apareció la Virgen, cuando los muchachos habían ya recibido una especie de iniciación a las cosas celestiales.

Es la primera vez que un ángel declara estar al cuidado de una nación; hasta aquel momento se nos había contentado con citaciones bíblicas y con una tradición esotérica que ha concordado siempre sobre este punto.

Todos los lugares de la Tierra están fuertemente individualizados, sobre todo las naciones. Existen profundas diferencias también entre dos naciones vecinas.

Se trata, indudablemente, como Steiner sugiere, del intercambio entre las emanaciones que provienen del suelo, las de cada uno de los individuos, y las del ángel que las tiene en custodia.

El Karma de las Naciones

En estos momentos el lector ya se habrá familiarizado con los muchísimos ángeles en juego sobre el tablero. Ahora nos encontramos con otro, cuya misión importantísima se entreteje muy estrechamente con la de todos los otros que hasta ahora habíamos examinado: el Espíritu del Tiempo.

Su papel es semejante al de un gran director de orquesta; conoce perfectamente cuál ha de ser el desarrollo del concierto entero, conoce las partituras de cada uno de los instrumentos, del coro, de los solistas y con ellos coordina tiempos y modos a fin de que la armonía sea total.

En este caso, los hombres son sólo los instrumentos musicales que, por sí solos, son mudos e inertes.

Los diversos ángeles y arcángeles representan las subdivisiones orquestales en sus diversos sectores, allí donde es justo que estén, bajo el ojo vigilante del Director. Así, el Espíritu del Tiempo hace interaccionar entre ellas, en una cierta época histórica, fuerzas distintas, según un diseño preestablecido con arreglo a una ley de absoluta armonía y justicia.

De cómo estas fuerzas se combinen entre sí, dependerá el karma de la nación, que a su vez está ligado al de cada uno de los individuos.

Cito textualmente a Hodson:[3] «A cada una de las naciones del mundo la preside un Gobernador Angélico, que asiste a una raza en la actuación del propio destino. Estos grandes Arcángeles, los «Tronos» de la angelología cristiana inspiran a la nación por medio del Ego nacional y a sus líderes, por medio de su Ser superior.

»En tales condiciones de inspiración angélica, un

---

3. *Il Regno degli Dei*, Ed. L'età dell'Acquario, Torino 1986.

hombre de estado está provisto de facultades hasta aquel momento insospechadas en él. Mientras sirva a la Nación de modo desinteresado, su poder se acrecentará. Si intereses egoístas lo engañasen sobre los deberes hacia el Estado, la inspiración de parte de los ángeles le sería retirada, y su poder declinaría; fenómeno observado frecuentemente en la vida pública.»

Pero debemos tener presente dos puntos importantes. Casi nunca gobernadores políticos y también religiosos llegan a imaginarse, ni de lejos, que a sus espaldas existe ya un diseño superhumano del cual forman parte. Además, también las Fuerzas Ocultas que tienen la misión específica de sembrar caos y discordia, están perennemente trabajando.

Entre ellas y las Fuerzas de la Luz está de por medio el hombre, el único ser del planeta dotado de libre albedrío. El hombre puede elegir hacia qué fuerzas inclinarse, aportando leves modificaciones a su karma que, comúnmente, en grandes líneas, podrá ser moderado, pero no cambiado.

Muy frecuentemente el destino de una nación depende de los pocos individuos que la gobiernan, en el bien o en el mal, pero en la economía universal nada se ha dejado al azar. Una mente infinitamente más previsora controla el ciclo de las encarnaciones de un pueblo al otro y guía los nacimientos de los individuos y, por tanto, su karma al lugar exacto en el que es justo que se encuentren.

En los conocimientos Ocultos es ya sabido que muchos de los egipcios que persiguieron a los hebreos en la época bíblica, renacieron como hebreos bajo la persecución nazi.

Del mismo modo, es sabido que muchos entre los millares de aztecas y mayas, torturados en el 1500 por los «conquistadores» españoles, han vuelto a reencarnarse justo en España, siendo los instigadores de la Guerra Civil, llevando sangre y terror entre sus antiguos asesinos de la manera más atroz, en una lucha fratricida...

El karma, con su absoluta imparcialidad y justicia, es inflexible: quien extermina será exterminado, el torturador será torturado...

Muy amargo es el karma de occidente por haber deportado y reducido a la esclavitud a millones de africanos en los siglos pasados y por dejar morir de hambre y de indiferencia al Tercer Mundo actual.

Igualmente amargo será el karma de América por el exterminio de los pieles rojas, el de los alemanes por la matanza de los judíos, etcétera, de genocidio en genocidio.

El karma, inflexible e imparable ya está en acción... Una migración bíblica está en movimiento hacia el occidente rico e indiferente. A su paso, como aquel de las langostas, dejará detrás de sí tierra quemada.

En la próxima ronda de reencarnaciones, casi todos nosotros, europeos, volveremos a nacer en Europa, con la diferencia de que Europa se habrá convertido en el «Tercer Mundo». Será algo casí omo un desierto quemado por las lluvias ácidas, despojado de toda riqueza, sofocado por los desechos de la chatarra de medios mecánicos de todo tipo, totalmente inservibles.

Es una consideración muy triste, pero según las leyes ocultas, será toda la raza blanca, sanguinaria y masacradora, quien deba pagar el precio más alto. En el nombre de las ganancias y del dinero ha destruido y contaminado cada cosa a su paso. Desaparecerá vencida por los nuevos cruces multiraciales. En el transcurso de algún siglo el karma habrá equilibrado su deuda.

De aquí a la Eternidad

Volviendo a nuestros ángeles, hemos visto que Seres infinitamente potentes siguen la evolución de una nación, de una raza, de un continente, hasta el Gran Logos planetario, el Arcángel responsable del Planeta Tierra en relación con la jerarquía.

Pero las multitudes de ángeles son innumerables, mucho mayor que toda posibilidad humana de cálculo.

Empujándonos siempre más adelante, fuera de los confines de la Tierra, encontraremos el ángel del Sistema solar, al cual hacen referencia los arcángeles regidores de otros planetas. Existen además los Regentes de las constelaciones y seguramente los Gobernadores de las Galaxias, pero el conocimiento humano se detiene en este punto. De aquí en adelante nos basaremos en las leyes de la similitud.

Puesto que en todo lo Creado está vigente el espíritu de unidad, sabemos que «lo que está arriba es igual a lo que está abajo» y por tanto de lo infinitamente pequeño a lo Inmenso, saltando de estrella en estrella y de arcángel en arcángel, podremos pasearnos por todo el universo conocido o desconocido, de galaxia en galaxia, hasta superar los límites de la materia creada, y, empujándonos hasta el mismo Trono de Dios, encontraremos siempre a un ángel que custodia cada cosa.

LOS CAUDILLOS OCULTOS

El camino de los Pueblos

Hemos examinado, si bien de pasada, a los ángeles que guían a los pueblos en las distintas zonas geográficas. A estos niveles, sin embargo, no se trata ya de «sencillos» custodios, sino de grandes Arcángeles.

Este menester tan grande, requiere un tipo de trabajo en equipo y veremos, según la enseñanza inspirada de Steiner, cómo los árcangeles líderes de pueblos han colaborado con otros Grandes Seres hermanos de ellos: los Espíritus del Tiempo. La evolución de cada civilización y de los pueblos que en ellas han nacido y vivido fue en el pasado muy lenta, pero guiada en su interior por un Arcángel. Éste vivía su «juventud» contemporáneamente a la del pueblo que le había sido asignado. Llegaba, junto con él, a su propia madurez, al máximo esplendor y en cuanto la civilización y el pueblo se acercaban a su decadencia, el ángel, que había recorrido también su camino evolutivo, se preparaba a hacerse cargo de un deber distinto, ya que un pueblo puede fenecer y desaparecer, pero un ángel no.

Después de la gradual desaparición de la Atlántida, una nueva era se preparaba para la Tierra. Los pueblos necesitaban de una guía segura para volver a emprender el camino de la evolución, interrumpida durante milenios por la catástrofe.

La obra de civilización de los pueblos procede como el camino del sol: de Este a Oeste. La enseñanza, en una época muy lejana salió del Oriente, de la antigua Aryavarta, la India, para llegar hasta nosotros.

El Arcángel que tuvo en custodia el pueblo indio, inspiró a los sabios Rishis, les sugirió la redacción de los Sagrados Vedas, de las Upanishads, las Escrituras más antiguas de la Tierra.

Fue siempre el Arcángel quien guió la encarnación de grandes Seres; éstos vivieron como divinidades en la Tierra una vida que luego iba a ser recordada como historia sagrada, leyenda, mitología.

En el transcurso de los milenios se encarnaron Rama, Krishna, Gautama el Buda, Confucio, Lao Tsé, dejando detrás de ellos una traza indeleble en la formación espiritual del pueblo entre el que vivieron. Actualmente, la serena filosofía oriental está influenciando mucho al moderno occidente; esto también pertenece a las corrientes históricas.

Algunos siglos después, otro gran Arcángel toma el mando de un joven pueblo que reside más o menos en la zona de Persia. La religión y la cultura se iniciarán, con Zoroastro, con el culto solar de Ahura Mazda.

Durante muchos milenios este pueblo, con sus creencias, transmitirá la enseñanza recibida, hasta que la llegada de los pueblos islámicos intentará borrar de ello hasta el recuerdo. Pero esto sucedió en una época bastante cercana a la nuestra.

Una civilización decae cuando ya no tiene nada más que transmitir a los descendientes, cuando todo su esplendor no es otra cosa que una llama que se está extinguiendo. En este momento, el Arcángel que guía a un pueblo se ve acompañado por otro que desarrolla el plan evolutivo según los tiempos establecidos anteriormente.

Los «jóvenes» egipcios

En el horizonte del crecimiento espiritual, otros jóvenes pueblos aparecen: los egipcios y los caldeos.

Cada uno de ellos está guiado por un Gran Arcángel que, como hemos visto, dirige las encarnaciones de personajes divinos que en parte sugerirán y en parte vivirán la que un día será transmitida como «mitología». En un determinado momento de la historia oculta, ligada muy estrechamente a la que se conoce bajo forma de batallas y conquistas en los libros de historia, la civilización egipcia prevalece sobre la caldea.

Los que antiguamente fueron dos pueblos con cultos separados, guiados por dos arcángeles distintos, acaban siendo un solo pueblo, con un único Arcángel.

En el plano manifiesto, la civilización egipcia, con todas sus complicadas divinidades, alcanza un esplendor insuperable, un refinamiento increíble en todas las artes y las ciencias, de la ingeniería a la astronomía, hasta la matemática.

La guía del Arcángel del pueblo no podía dar frutos mejores, pero el Espíritu del Tiempo conocía otros importantes secretos que su «compañero» ignoraba...

Según los Planos Ocultos de la Evolución espiritual, la era del culto politeísta en la cuenca del Mediterráneo había llegado a su fin, así como tenían que terminar los sacrificios crueles hacia varias divinidades y el régimen opresivo de la clase sacerdotal.

Los seres humanos habían llegado a cierto refinamiento espiritual y tecnológico y podían empezar a comprender más de cerca el concepto de que todo es Uno. Era necesario inspirar en sus mentes el principio de un Dios único, creador de todas las cosas visibles e invisibles. Si observamos el problema sumergiéndonos en la realidad de aquella época, nos daremos cuenta de que se trataba de un trabajo ciertamente poco fácil... pero el Plan debía desarrollarse y había que empezar por alguna parte.

Lo intentó en plena época dinástica el faraón Akkenaton. Con su real autoridad, eliminó los cultos que se rendían a centenares de dioses para dirigir toda la devoción del pueblo hacia una única divinidad solar.

Los tiempos no estaban aún maduros y sus súbditos (pero sobre todo los sacerdotes, de golpe eliminados del poder) no apreciaron de ningún modo el cierre de los hermosos templos cubiertos de oro. Akkenaton reinó muy poco tiempo; hubo lo que hoy se llamaría un «golpe militar». Le sucedió Horenbeb, Comandante de su guardia, que ni siquiera era de sangre real, y fanáticamente masacrador. Pero el Espíritu del Tiempo se echaba encima, el Plano debía desarrollarse: era necesario pasar de muchos dioses a un único Dios...

El advenimiento del hebraismo

Lo que ocurrió fue admirable. Fue elegido un pueblo que respondía a los requisitos de rigor, que salía de la rígida disciplina de siglos de esclavitud, primero en Babilonia, después en Egipto y le fue asignada una misión sobrehumana. Era el pueblo hebraico.

Precisamente porque el peso era excesivo, este pueblo fue señalado con una atención totalmente particular. Un gran Arcángel fue puesto para guiarlo con poderes extraordinarios, entre los cuales también contaba el de manifestarse físicamente y combatir como un guerrero. Para conocer en profundidad toda la historia, no hay lectura más grandiosa, épica y fascinante que el Antiguo Testamento.

Aconsejo vivamente a los lectores dejar de lado las dudas y dedicarle un poco de su tiempo. Elegid una edición integral, con todos los Libros, valdrá verdaderamente la pena...

Mientras la cultura egipcia, después de la apoteosis de su esplendor, va hacia la decadencia, otro pueblo joven, con un gran destino de cultura y de historia, está emergiendo. Se ha situado en un territorio de increíble belleza, una península que se mete en un mar del cual emergen un millar de islas. Grecia...

Indudablemente, toda esta belleza contribuirá a marcar el ánimo de su pueblo, que de ella hará un culto transformándolo en arte y literatura.

La mitología griega es aún politeísta, pero mucho menos complicada que la egipcia. Los dioses griegos, aun siendo inmortales, viven una vida muy semejante a la de los humanos. Se interesan por sus asuntos y llegan además a enamorarse de ellos, engendrando con ellos hijos, con características totalmente particulares, seres que ya no son divinos pero tampoco del todo humano: los Héroes. Los griegos exportaron sus dioses, sus cultos, la cultura, el arte y la civilización a los pueblos vecinos, sobre todo hacia los nuevos territorios sobre los cuales se expandieron con diversa fortuna. Enseñaron arte, cultura y belleza; y también matemática, ciencia y filosofía a un pueblo emergente y belicoso: Roma... En un cierto momento, las historias y los destinos de tres grandes pueblos con sus Arcángeles se encontraron, pues el Espíritu del Tiempo había decidido que así era justo. El pueblo griego, el romano y el hebraico, que en el entretiempo se había emancipado de la esclavitud, entretejen sus destinos determinando toda la historia futura. En el curso de milenios, también la espléndida civilización griega, llegada a su apogeo, se prepara para declinar, el Arcángel que ha guiado su desarrollo está a su vez preparado para ceder su misión a otro.

También Él ha hecho su experiencia de crecimiento espiritual. Está preparado para un menester más elevado. Pero procedamos con orden...

La hora del Cristo

Como un meteoro que determinará toda la historia del planeta, el Cristo atraviesa Su época...

Bastarán aquellos pocos años en los que ha caminado, peregrino, sobre la Tierra, para decidir el curso de la humanidad, pasada y futura.

Después de la larga epopeya del pueblo hebreo que, pagando un alto precio, había inculcado en las mentes paganas la idea de un Dios único, después del cumplimiento del Misterio del Gólgota, nada será ya como antes. El Arcángel que guió el avance de Grecia en su plena juventud (ahora ya decadente), tiene bajo sus cuidados a los catequistas cristianos. Mucho camino hay que recorrer, y este Ser acompaña al espíritu misionero de la nueva religión.

Interrumpamos momentáneamente aquí la narración del Cristianismo; trasladémonos hacia atrás algunos siglos, y ascendamos geográficamente hacia el norte de Europa.

Encontraremos algunos pueblos todavía menguados en su evolución tecnológica y espiritual. Es una raza «joven» pero que contiene en sí los fermentos de grandes posibilidades. Son los pueblos de sangre celta.

Su evolución ha sido lenta, considerando también el adverso clima de aquellas latitudes. Pero el alma de estos pueblos es fuerte y tenaz, y superará muchas adversidades, compartidas por sus propios dioses.

La chispa vivificante se encenderá cuando las dos corrientes de evolución se encuentren, esto es, cuando el arcángel del pueblo cristiano y el de los pueblos nórdicos comiencen a trabajar conjuntamente.

Históricamente, esto sucede más o menos en el primer siglo después de Cristo, cuando José de Arimatea, huido de Palestina, con la Síndone y el Grial, se establece en las costas de la actual Inglaterra.

La epopeya del Grial

De este encuentro nacerá una corriente oculta, capaz de inspirar un gran movimiento místico-esotérico en el interior mismo del Cristianismo.

El Arcángel del Grial velará constantemente sobre este especialísimo acontecimiento .

La poderosa alma nórdica ha sido muy sensible, durante siglos, a la intervención del sobrehumano, por medio de las narraciones de las grandes sagas populares. Se lanzará con pasión en la *Queste du Graal*, una verdadera y propia epopeya rica en ideales esotéricos, místicos y caballerescos.

Lancelot, Arturo, Merlín, la colina de Avalon, rodeada de niebla, el reino de Asgaard, el Rey Pescador, la roca del Grial, no son leyendas, son momentos históricos de una gran transición espiritual: está naciendo el Cristianismo Esotérico.

En este período de grandes fermentos místicos, se afirman los ideales de la Caballería, de la nobleza de intenciones, de la pureza de cuerpo y de espíritu. Nacen numerosas Órdenes de Caballería, estrechamente conectadas con las Órdenes religiosas y (por el momento) apoyadas por el Papa. Al lado de la Orden del Temple surge la Orden de los Caballeros Teutónicos.

También la vida religiosa se ve sacudida por un temblor; en un momento de intrigas y corrupciones se siente el deseo de retornar a los orígenes, a aquella pobreza y simplicidad en la cual vivió Cristo. Nacen así muchas Órdenes monásticas, más o menos toleradas. (Acabarán por lo demás todas en sangre, ¡la Iglesia no perdona a los innovadores!)

Acaso los más conocidos fueron los Cátaros, los monjes del Vestido Blanco que buscaban la perfección espiritual que les dignificara para custodiar el Grial.

En el plano esotérico, la orden Rosacruz inicia sus primeros pasos; también ella tendrá un largo camino que recorrer.

El Espíritu del Tiempo, que en aquel momento está conduciendo a Europa y que antiguamente guió a Grecia, ha desarrollado una misión inmensa. Ha conducido a un pueblo guerrero y conquistador hacia la introspección, hacia la búsqueda espiritual.

Un cambio, todavía más grande, ocurre entre el siglo XII y el XVI. El arcángel que en tiempos lejanos guió la evolución del pueblo egipcio toma ahora el mando en Europa.

El Renacimiento

Menos belicosos y más sensibles a los dones del Espíritu, los humanos son instruidos ahora en la belleza y en el arte. Está por comenzar, sobre todo en Italia y en Alemania, el Renacimiento. Dirigida por el Arcángel del Tiempo, una oleada de genios renace en estos dos lugares privilegiados, pero sobre todo en Italia, para hacer florecer el arte, la ciencia, la filosofía...

Los mismos seres que hicieron inmortal el arte y la ciencia de Egipto, primero, y en Grecia, después, volvieron a encarnarse, sobre todo, en la zona a caballo entre la Toscana y la Umbría, en Italia, y en el centro y sur de Alemania. Es la época de Leonardo da Vinci, Giotto, Michel-angelo, Pico della Mirandola, Raffaello y también de Dante, Petrarca, Boccaccio y una enormidad de santos... La lista es larguísima.

Importante: el Arcángel que guía los diversos pueblos no ha cambiado nunca; los varios cambios afectan exclusivamente al Arcángel que guía un determinado periodo histórico, esto es, el Espíritu del Tiempo.

Debemos otra vez colocarnos nuevamente en el tiempo. Volvamos al siglo VI después de Cristo, y sobre el tablero geográfico, hacia los pueblos árabes.

El Espíritu del Tiempo que guió la evolución del pueblo hebreo se preocupará ahora de otro pueblo.

El Arcángel Gabriel reaparece sobre la Tierra y revela a un profeta, Mahoma, una gran tradición de fe y de verdad. Por medio de su atenta transcripción nacerá el *Corán*.

Entre sus páginas encontraremos los nombres ya conocidos del Antiguo Testamento: Abraham, Jesús etcétera.

También la misión del Islam es grande. Su pueblo es todavía «joven» con respecto a las grandes religiones que lo han precedido.

Y así hemos llegado juntos a nuestros días, pero cuando se vive en el interior de una realidad no se tiene la visión suficientemente serena, no se pueden descifrar los acontecimientos. El Gran Plano Evolutivo se está aún desarrollando, la raza humana es joven, estamos solamente en los comienzos...

No le es posible a la mente humana conocer aquello que está escondido en la mente de Dios (o de Allah, que es la misma cosa; cambia solamente el nombre...)

COLABORACIÓN ENTRE ÁNGELES
Y HOMBRES

Un gran Precursor

Antes de iniciar este capítulo, siento la necesidad de presentar a mi llorado amigo Eduardo Bresci, quien, con su cortesía y su disponibilidad, lo ha hecho posible. Si desde 1975 se habla en Italia de la «Edad del Acuario» es gracias a su valor temerario al convertirse en un editor «rompedor».

Bajo la guía de Bernardino del Boca inició la publicación de la revista *L'età dell'Acquario*, única en su género en Italia. De allí inició la publicación de los *Quaderni*, una serie de monografías, traducciones de textos esotéricos de óptimo nivel, desconocidos en el mercado italiano.

Entre los muchos trabajos, sugiero a los lectores: *Nascita della sesta razza madre*, del que cito más adelante algunas páginas. Momentáneamente, este libro está agotado, pero será reeditado próximamente.

Otros títulos, entre los más interesantes, *Damodar, I Vangeli Acquariani, Il mondo dell'aura, Il centro occulto di Cracovia*, recientemente reeditado por nuestra editorial, con autorización de Bresci; el bellísimo *Lo Yoga dell'amore*, que aconsejo mucho a las jóvenes parejas, casadas o no (¡por fin un autor que no demoniza el sexo, sino que lo ve como un camino iniciático!). Además, para profundizar en el conocimiento de los ángeles de los reinos elementales: *Il Regno degli Dei*.

Eduardo Bresci, seguramente transformado en un Ayudador invisible, así como fue Ayudador visible durante su vida, me mostró una fotocopia del manuscrito del libro de Hodson *La fraternità degli Uomini e degli Angeli*.

Isabella Bresci, la joven hija de Eduardo, me ha asegurado que será editado dentro de poco. Si encontráis este título en alguna librería, no lo dejéis escapar, puesto que ¡es un pequeño tesoro!

De momento, este texto no ha sido traducido ni editado en Italia (Bresci tiene los derechos); me tomo la libertad de citar textualmente algunas partes (puesto que estoy autorizada a ello). Ya que sé que rindo un gran servicio a los lectores.

Como siempre, las partes sacadas de otros textos, están entrecomillados.

Geoffrey Hodson

Geoffrey Hodson puede que haya sido el más grande clarividente de nuestros tiempos. Médico, por tanto formado en una rígida escuela científica, estaba dotado de «segunda vista».

Veía las auras, las vibraciones y las energías multicolores que emanan de cada cosa, de los pensamientos de los humanos y de los valles, de los árboles y de las flores. No se trataba de un fenómeno temporal ni de una forma de alucinación. Sus observaciones, precisas y circunstanciales, eran anotadas con todo detalle, comparadas con las de otros clarividentes, no son jamás inexactas ni imprecisas.

Relataba las observaciones sobre las «cosas» que veía con la misma tranquila precisión con la que preparaba las fichas clínicas de sus pacientes.

En cierto momento de su vida, fue «contactado» por una criatura angélica a quien él mismo dio el nombre de «Bethelda». Empezó desde aquel momento un verdadero trabajo de aprendizaje, como si todos aquellos años de clarividencia pura, de estudio y de capacidad de observación hubieran sido sólo la preparación para este importante acontecimiento.

De ello han nacido muchos libros, en los que se ha hecho una crónica aguda de decenas de años de observaciones y en los que se han relatado las exactas palabras de sus instructores. Desgraciadamente para nosotros, sólo *Il Regno degli Dei* ha sido traducido al italiano, por cierto por Bresci. En los textos de Hodson, sobre todo en la *Fratellanza degli angeli e degli uomini*, se cita muchas veces la necesidad de comprender y aceptar la existencia de los ángeles y de iniciar con ellos un trabajo de colaboración. La especie humana puede ganar mucho con este intercambio, en tecnología, conocimiento científico y serenidad interior.

Por su parte, los ángeles de algunas órdenes cumplen su evolución junto con nuestra raza.

Nosotros somos su misión, el trámite para su crecimiento. Ellos son nuestra referencia, nuestro modelo, el ejemplo que debemos seguir para nuestra evolución espiritual, pero nosotros somos el camino que ellos deben recorrer para crecer... Cito textualmente algunos párrafos del libro de Hodson. Son los ángeles quienes hablan en primera persona dándonos las indicaciones para acercarnos a sus Reinos.

La Naturaleza como trámite

«Los medios más fáciles de acercamiento se encuentran en el amor a la Naturaleza. Quien quiera llegar a conocerse deberá aprender a entrar en contacto con la Naturaleza, de modo más profundo del que actualmente es posible al hombre normal.

»Además de un más intenso aprecio por su belleza, debe existir gran reverencia hacia todas sus formas, reverencia que nace del reconocimiento de la presencia divina, de la cual estas formas, estas manifestaciones, estas bellezas no son si no la expresión exterior.

»Junto a esto, es necesario también alcanzar un vivificante sentido de unidad con la Naturaleza, identificándose con cada árbol, cada flor, cada hilo de hierba, cada nube del cielo, y dándonos cuenta de que las múltiples diversidades que componen un valle, un jardín o un vasto panorama de montañas, de mar o de cielo, no son otra cosa que el Ser único que existe en vosotros, Dios, del que sois una parte, por medio del cual podéis penetrar más allá que el velo exterior de la belleza.

»Alcanzado tal resultado, estaréis en el umbral de nuestro mundo, habréis aprendido a ver con nuestros ojos, a conocer con nuestra mente y a sentir con nuestro corazón.»

Los ángeles más cercanos

Los ángeles más fácilmente alcanzables, y sobre todo más disponibles a esta colaboración, trabajan activamente en nuestra dimensión en siete diversos grupos. Ellos son:

Ángeles de la energía
Ángeles sanadores
Ángeles custodios de la casa
Ángeles constructores de las formas
Ángeles de la naturaleza
Ángeles de la música
Ángeles de la belleza y del arte

Veamos cómo actúan en nuestra vida diaria.

ÁNGELES DE LA ENERGÍA: Se entiende como energía espiritual; es la carga de fuerza, de entusiasmo, es el *sprint* con el que los seres humano dan comienzo a sus proyectos, a sus actividades. Sin esto, la vida sería un escuálido trajín carente de alegría y de interés. Estos ángeles están presentes en cada ritual, en cada ceremonia religiosa sobre la cual derraman la llameante fuerza de la que son portadores.

ÁNGELES SANADORES: Bajo la guía de Rafael, su poderoso Arcángel, están llenos de amor hacia sus hermanos humanos. Están presentes en cada lugar en el que haya un enfermo. Están a miles en torno a los grandes lugares de sufrimiento, en los hospitales o en los lugares de accidentes, deseosos de ayudar, de llevar su socorro también en el plano físico. Intervienen prontamente cada vez que les sea lanzada una invocación, una reclamación de ayuda.

Sólo con esta condición pueden intervenir, y demasiadas veces se quedan inoperantes pues en el momento del dolor poquísimas personas se acuerdan de dirigir a lo alto su plegaria.

No conocen barreras de tiempo o espacio, ni de lengua ni de fe, están disponibles para quien pida socorro a la Divinidad, a cualquier divinidad, pues Dios Padre es Uno, y ningún grito se queda desoído.

Una sola barrera les retiene y los deja inertes: la que está puesta por las mentes humanas que ignoran o reniegan de sus presencias...

ÁNGELES DEL HOGAR DOMÉSTICO: De ellos hemos hablado en las páginas precedentes. Son una realidad consoladora, son los custodios del núcleo familiar, de los ancianos, de los niños. También ellos podrían hacer muchísimo si los reconociéramos, amáramos e invocásemos.

Una familia puesta conscientemente bajo la protección de su ángel vive en una constante aura de bendición y de armonía. El ángel, una vez aceptado, colabora activamente en el crecimiento espiritual de «su» familia, interviniendo también para defenderla en las controversias y en los problemas materiales.

Ángeles constructores: También sobre ellos habíamos dicho algo a grandes rasgos. Son los que se transmiten las formas arquetípicas de la materia. En este específico contexto, nos referimos a los constructores del reino humano, a las inteligencias arquetípicas que vigilan los nacimientos, presentes en cada lugar de la Tierra cuando una mujer está a punto de dar a luz. Así habla Hodson: (tengamos presente que fue un médico y vio mucho sufrimiento)

«Es por desconocer su misión y la ayuda que nos pueden dar lo que en estos últimos tiempos ha convertido el parto en un momento de agonía y muerte. Mientras los hombres invocaron su ayuda, ellos enseñaron a la raza humana cómo dar a luz a su progenie con alegría. Verán que su gran sacrificio no será ya más alterado por el miedo y por los gritos de dolor.»

Ángeles de la Naturaleza: Son los Devas elementales o espíritus de la Naturaleza, las pequeñas criaturas que la fantasía del hombre ha clasificado como gnomos, elfos, silfos, hadas, ondinas, dríadas o criaturas del fuego. Cada uno de ellos custodia, vive y trabaja en el elemento que le es propio, sea en la tierra, en el fuego, aire o agua. Viven en simbiosis con flores, piedras, nubes o cursos de agua. Regulan el clima, los elementos y el crecimiento de los vegetales. Cuando el hombre aprenda a contactarlos, obtendrá el máximo de la Naturaleza, con equilibrio, sin usar violencia a ningún reino, cancelando de su memoria pesticidas, insecticidas y afines, que solamente son portadores de muerte.

Ángeles de la música: Sobre ellos habría que decir muchísimas cosas, pero las palabras son insuficientes y limitadas. Son criaturas sumergidas en una dimensión de luces y sonidos, armonía, belleza sin límite.

«Desde el centro del universo, en el que Dios se manifiesta, por ondas y vibraciones, por grupos y categorías, se retransmite hacia el exterior hasta los límites más lejanos en que viven los hombres los ecos de la Armonía. Su sonido resplandece del color mismo de la musica.

»Su misión —continúa Hodson— es la de llevar el esplendor de millones de prismas, el fluctuar de millones de planetas abajo, hasta los oídos de los hombres y aún más allá, en los mundos de la materia, para que incluso el árbol, la hierba y el topo que vive bajo tierra puedan escuchar la armonía divina.»

Los ángeles de la música buscan el contacto con seres humanos espiritualmente elevados para transmitirles esos ritmos y aquellas armonías. Y es así que algunos artistas están inspirados por Ellos, recogen de las profundidades de su alma o de lo alto de Planes Astrales los sonidos y las sinfonías que los ángeles les han sugerido.

Ellos los transforman en notas y partituras, en composiciones que luego darán la vuelta al mundo alimentando el espíritu de sus semejantes.

Muchos artistas de nuestros días componen así, sin ni siquiera ser conscientes del mecanismo divino que actúa detrás de sus obras. Tenemos en Italia por lo menos dos de estos personajes. Uno de ellos, entrevistado por un periodista que le explicaba este teoría mística, negó toda intervención trascendental, afirmando poseer sólo excelentes bases técnicas, nada más.

El periodista, que también era un estudioso del esoterismo, sabía sobre el entrevistado muchas más cosas de cuantas ni él mismo conocía...

Desde lo Alto trabajan con extrema diplomacia y habilidad, no buscan nuestro consentimiento para incluirnos en el Plan evolutivo. Todos nosotros somos dóciles, inconscientes peones de un inmenso tablero; pero, independientemente de la parte que hacemos, ha sido siempre elegida respetando nuestro Ser, en el interés de nuestro crecimiento interior.

La Música como sendero

La evolución humana pasa también a través de la música puesto que la música es armonía, es alimento para el espíritu, es elevación del alma, es el sublime contacto con la Mente creadora.

Naturalmente, de todo esto hay que eliminar los estruendos disonantes que desgarran no sólo los oídos de las personas sensibles sino también sus cuerpos sutiles. La música es perfecta geometría, es matemática aplicada al ritmo, es armonía, no estruendo sin sentido.

La elección del estilo musical refleja el estilo de vida de un individuo. Aquel que ha hecho una elección de Luz, de Servicio a los demás, de Discipulado, es dificilmente un apasionado del *hard rock*, frecuentador de los mega-conciertos *heavy* o del *Dark rock*. Ni aguanta tampoco los sablazos de luces láser, los vapores de azufre y toda la coreografía diabólica que acompaña conciertos y tapas de discos de este género.

Completamente distinta es la música clásica o la joven corriente de la *New Age* que a los sonidos armoniosos asocia colores correctos e imágenes.

También en el desorden musical que reina hoy en día hay que buscar la intervención de los Devas Oscuros, cuyo deber es el de llevar el caos, alterar la obra de los ángeles de luz.

«En toda la multiforme música vibra el ritmo del pulso universal. Todos los movimientos de las estrellas, los amaneceres y los ocasos de los soles, el nacimiento de los planetas y su muerte, la evolución de las razas, las olas que rompen en la orilla, el nacimiento y la desaparición de los continentes, el derretirse de los hielos polares, el latido de los corazones humanos, la germinación de las semillas, el ruido de las alas y el abrirse de las flores, todo esto recuerda la música de la vida, responde al ritmo pulsante del corazón mismo de Dios. Ésta es la razón por la cual la música, la *verdadera* música eleva los corazones.»

ÁNGELES DE LA BELLEZA Y DEL ARTE: Son muy afines en sus misiones a los ángeles de la música. Ellos reflejan la absoluta belleza de formas y colores a los que el hombre no puede tener acceso, puesto que su misma estructura física no soportaría su contacto ni su visión.

«La belleza es eterna. Sólo un mínimo fragmento de su esencia puede volverse visible y puede ser transmitido a los otros hombres a través de rudimentarias formas y colores.

»Sólo una pequeña chispa del Fuego Cósmico en el

que la belleza se expresa, puede ser percibido por el hombre. Quien lo ha vislumbrado, cegado por esta chispa que se ha revelado, cree haber percibido el Todo. Pero el Todo no está al alcance de ningún ser humano y ni siquiera de los ángeles, a pesar de que participen en visiones mucho más elevadas que las nuestras.»

La misión de estos ángeles es el de hacernos participar en esta visión de belleza para que podamos ser portadores para nuestros otros hermanos, colaborando de este modo al trabajo del despertar de sus conciencias.

La belleza de las formas y de los colores es también instrumento de elevación y evolución espiritual; quien la divulga colabora en primera persona a la labor de los ángeles.

Estas Criaturas de otros mundos están más disponibles que nunca para iluminar el corazón y la mente de los individuos que se dirijan hacia Ellos, a guiar las manos de los artistas, para que, en sus obras, se respire la inspiración de lo Divino. A este propósito, escribe Hodson:

«Llamados por el artista, Ellos vendrán, fortaleciendo con su propia visión la del artista. Su genialidad por el color y la forma, despertará en el hombre el anhelo hacia todas las cosas magníficas, estimulará la mente a romper los convencionalismos y las limitaciones de la propia época, haciendo germinar nuevas teorías, ideales frescos en su cerebro.

»Así se superaría la tendencia de la mente humana a poner límites, a fijar leyes. El genio creativo, profundamente escondido, se liberaría. El alma liberada alcanzaría, sobre las alas del arte, la visión perpetuamente nueva, pasando por encima de las reglas y de las ataduras del pasado, pues hasta la belleza divina está sujeta a las leyes del cambio y crece en esplendor de día en día.

»Los ángeles del color y de la forma aportarían al hombre esta belleza naciente, este milagro que se multiplica en eterno, esta infinita magnificencia, de modo que cada ser humano tenga el honor de trabajar como mano del Supremo Artista.»

´ Hodson tuvo durante toda su vida el don de la clarividencia sobre el Plano Astral superior. Asistió a los «diálogos» entre criaturas angélicas, recibió una enseñanza en forma directa con el preciso encargo de divulgarlo entre los hombres. De sus muchos libros sobre los ángeles, uno sólo ha sido traducido al italiano, siempre por el infatigable editor Bresci: *Il Regno degli Dei.*

Invariablemente, el mensaje y la enseñanza de los Reinos superiores insisten en la necesidad de una colaboración siempre más intensa, siempre más extendida a muchos más hombres. Solamente así se podrán poner las bases para una Humanidad nueva, más consciente, que viva su vida con alegría, lejos del sufrimiento, del odio, de la violencia, que son cadenas que bloquean su evolución espiritual y también material.

Una imagen clásica que ha acompañado la infancia de muchos de
nosotros. Una imagen que no hay que olvidar y que hay que
volver a mostrar a nuestros niños.

COLABORACIÓN ACTIVA

La llamada del ángel

Este capítulo representa posiblemente el corazón, el centro de todo el libro. Incluso diría que representa la misma razón por la que este libro ha sido escrito.

En esta nuestra época oscura de masacres, de odio, de consumismo desenfrenado, que es el resultado de un egoísmo sin límite, se está ya ocultamente allanando el camino para iniciar la colaboración entre los ángeles y los hombres.

Será éste el deber más importante en el que ambas partes deberán trabajar de común acuerdo en la Nueva Era, que ya se inició en 1975.

En todo el planeta, con modalidades diversas, según el diferente nivel de comprensión humana, los ángeles hacen resonar en los planos de la consciencia, la delicada nota de su llamada. En el estruendo de las metrópolis, en el silencio de los templos, en las escuelas, en las oficinas, en cualquier lugar donde haya seres humanos, cada vez más personas entre ellos alcanzan a percibir la llamada de los hermanos alados.

Muchos captan el mensaje durante el sueño, cuando de cada ángulo de la Tierra millares de hombres y mujeres son reunidos en las «Aulas nocturnas de aprendizaje», para ser instruidos ocultamente.

Casi nadie, al despertar, recuerda lo que ha recibido en la noche, ésta es la regla. Con la mente libre de condicionamientos o recuerdos, cada uno puede trabajar en el Plano con sus propios medios, por pequeños o grandes que sean.

La selección en «Clases de aprendizaje» se efectúa en todo el planeta entre hombres y mujeres de cualquier edad, desde niños a ancianos. No se tiene en cuenta ni el nivel de cultura ni la condición social, sobre todo se examina el aura de los individuos, eligiendo a los predispuestos para el servicio activo.

Desde lo alto nos observan y nos valoran, casi todos somos útiles para las inescrutables finalidades de los Maestros. A menudo, personajes imprevisibles, a los que ningún humano daría crédito, forman parte activa del Plano, junto con otros que, aparentemente, nos parecen más predispuestos. El metro de los Maestros no es ciertamente el de los hombres...

Para que los ángeles puedan trabajar en nuestra dimensión y acelerar nuestro crecimiento evolutivo, no hacen faltas muchas cosas; nuestros Hermanos Mayores no ponen condiciones taxativas. Su mundo es de alegría, serenidad y armonía, las mismas cosas que querrían instaurar en el nuestro.

Los requisitos fundamentales para colaborar los poseemos todos, pero uno particularmente facilitará el camino de ellos hacia nosotros: nuestra serena confianza en la existencia real de Ellos.

Para que esto se realice será necesario mucho tiempo; cuánto, depende de nosotros. No se buscan héroes sino seres humanos.

Es necesario crear un puente entre las dos dimensiones, y veremos que una vez iniciada la construcción por nuestra parte, súbitamente nos los encontraremos de frente, sin tener que esperar a llegar a la mitad del trabajo.

Abrir nuestro corazón y la mente a los ángeles no comporta gran dificultad. Es necesario que nos hagamos «inocentes como niños», hacer puro nuestro corazón, que nuestros fines estén libres de segundas intenciones. Es una elección de vida, pero entre las más sencillas de realizar.

Existen, de todos modos, algunos requisitos imprescindibles para instaurar una relación de hermandad con las Criaturas Celestes.

Debemos grabarnos bien claro en la mente que estas criaturas no son inocentes compañeros de juegos, con las que pasar un rato. Su afectuosa disponibilidad hacia nosotros no debe hacernos olvidar que los ángeles representan siempre una enorme Potencia.

¿Quién de nosotros sería tan desconsiderado como para manejar los cables de alta tensión sin tener los conocimientos de sus leyes? Del mismo modo, antes de continuar el razonamiento sobre lo que pueden ser los detalles prácticos, es necesario exponer algunas premisas extremadamente importantes.

No a los médiums

Este trabajo de investigación y colaboración no tiene *nunca* nada que ver, en ningún punto, con la labor de los médiums; al revés, es todo lo contrario.

Los médiums caminan al borde de un abismo en el cual luces y tinieblas se confunden. La colaboración con los ejércitos celestiales no necesita de medios peligrosos y rudimentarios como el «trance» a todo nivel, la tele-escritura, el recibir mensajes a través de médium, la manifestación del «espíritu guía».

La colaboración con los ángeles es toda otra cosa, infinitamente alejada de estos engañosos expedientes.

Si entendéis claramente este concepto, proseguid serenamente con la lectura; si pensáis que podeis asociar actitudes y prácticas a través de médiums a la labor con los ángeles, es mejor cerrar estas páginas y dedicarse a cualquier otra actividad menos peligrosa. Peligrosa para vosotros, naturalmente.

Me permito recordaros (aunque lo haré en muchas ocasiones, a costa de repetirme) que entidades oscuras están siempre a la escucha de todo requerimiento humano y leen perfectamente en la mente y en el corazón de cada individuo. Si encuentran una zona oscura debida a egoísmo o ambición o a segundas intenciones, se insinúan hábilmente con aspectos confortantes y voces suaves.

Mencionemos que, a las fuerzas de los planos extra-humanos, nosotros nada podemos esconder, ni en el bien ni en el mal...

Altruismo

Los ángeles, en principio, no ponen condiciones particulares a su colaboración. Espíritus puros, incapaces de pensamientos negativos, de finalidades ocultas y dañinas, piden respectivamente la misma pureza y transparencia en el hermano humano.

Quien decida trabajar con Ellos debe olvidarse de sí mismo, debe hacerse un limpio y desinteresado servidor de la humanidad.

Quien se acerca a los ejércitos celestiales debe hacerse transparente como el cristal, debe ser un canal limpio por medio del cual la energía que viene de lo alto, pueda fluir libremente para ser vertida sobre el género humano que todavía duerme. Ningún pensamiento egoísta, ningún separatismo o segundas intenciones deben empañar corazón y mente de quien pretenda trabajar con Ellos.

Está claro que ninguno de nosotros vive una existencia feliz y sin preocupaciones. Si así fuese, difícilmente volveríamos el pensamiento hacia los ángeles, buscaríamos más bien aumentar nuestra obtusa alegría (podría decir nuestra indolencia), manteniéndonos alejados del sufrimiento y de los problemas de los otros.

Cada uno de nosotros está rodeado por problemas grandes o pequeños: la salud, la casa, el trabajo, los hijos, la soledad, la depresión... El catálogo del malestar humano no tiene límites.

Es justo invocar ayuda para resolver nuestro problema, pero no debemos dejarnos cegar por el problema mismo. Deberíamos tener la capacidad de dejar fuera el egoísmo y pedir ayuda también para otros hermanos nuestros, apesadumbrados también ellos por problemas más grandes que el nuestro.

Pongamos un ejemplo. Una persona que sufre por estar enferma, puede ciertamente pedir a las legiones de ángeles sanadores ayuda para sanar. Pero obtendrá infinitamente más alivio si pide ayuda para sí misma y para las otras personas enfermas como ella.

Recibirá ayuda para sí, pero recibirá también, por reflejo, la ayuda que haya enviado hacia las personas que sufren.

El objetivo de su plegaria ha sido ensanchado, hecho más puro, más desinteresado, y por lo tanto imbuido de un amor más grande.

El egoísmo en el pedir para sí ha sido superado por el altruismo fraterno de pedir también para los otros seres que sufren. La respuesta angélica será rápida y viva, pues nuestro amor (desinteresado o no), nuestras intenciones, aun las más ocultas, son perfectamente visibles en el aura.

Equilibrio

Trabajando con los ángeles, entramos en contacto con grandes Formas sobrehumanas. Verdaderas potencias, portadoras de gran energía, se ponen en movimiento para acudir a la llamada del hermano humano.

Así como no se enviaría a las olimpíadas una persona físicamente debilitada, insegura, de ánimo frágil e inestable, del mismo modo este tipo de persona se excluye de la colaboración activa con los niveles superiores.

194

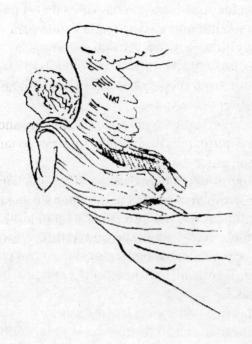

Las personas psíquicamente frágiles podrán recibir fuerzas y energías para sus necesidades personales, podrán beneficiarse de la fuerza que los operadores les enviarán, pero no podrán ser ellos mismos operadores.

Para reafirmar bien el concepto cito las palabras del Maestro Filipponio:[1] «Los seres excitables, emotivos, y no equilibrados, no pueden ser puestos, sin grave peligro, en contacto con las Grandes Fuerzas que operan detrás y por medio de la evolución angélica».

Rectitud moral

Peligros aún más graves, incluso un verdadero «desastre» acechan a quienes se avecinan a esta Gran Obra, con segundas intenciones ocultas en el alma, a lo mejor con el secreto deseo de convertirse en jefes de un grupo o, peor aún, de conseguir dinero con este tipo de trabajo. También Hodson es muy explícito, he aquí sus palabras:

«Hay que poner en claro que esta colaboración debe ser conservada en su forma más simple, completamente libre de exhibicionismo o de ceremoniales elaborados... Queremos firmemente desaconsejar el comenzar tentativa alguna para obtener una estrecha relación personal con una entidad angélica o servirse de ella con finalidades de ganancia, interés personal o simple curiosidad. Tales tentativas conducirían inevitablemente al desastre y deben ser rigurosamente excluidas..»

---

1. *Verso la luce*, 1987 (comentario a un servicio sobre Hodson).

Si entre los lectores hay personas con esta veleidad, (¡espero que no!) les aconsejaría la lectura de un interesante volumen: *L'angelo della finestra d'Occidente*.

Es la historia de una estrecha relación entre hombres ávidos de obtener el poder sobre las cosas terrestres y los ángeles que estaban en grado de contactar.

En efecto, los ángeles se han presentado a sus evocaciones, han escuchado sus peticiones, pero el resultado final los ha aniquilado. Los ángeles han accedido a sus peticiones, pero conocían muy bien el karma y les han seguido la corriente...

Entre líneas se lee la historia atormentada y trágica de John Dee, un ocultista que trabajó largamente con los ángeles sin tener el corazón puro. Escrito por Gustav Meyrink, un iniciado de comienzos de siglo, *L'Angelo della finestra d'Occidente*[2] es un volumen constantemente reeditado. Aconsejaría vivamente a las personas que no tienen las ideas bien claras, que lo lean primero, y luego todavía se lo vuelvan a pensar.

Elevación espiritual

Los ángeles están efectivamente entre nosotros, muy cerca, dispuestos a intervenir a la mínima llamada de ayuda. Saben acoger cada uno de nuestros más pequeños pensamientos de gratitud, y de afecto para con ellos. Están con la misma alegría al lado del sabio que del niño, del iniciado que del lugareño.

---

2. Ed.. del Graal, Roma 1992. (Edición en castellano, *El ángel de la ventana de Occidente*, edit. Sirio, Málaga.)

No hay duda de que están siempre dispuestos a ayudarnos, pero si queremos desarrollar un trabajo consciente, activo, útil sobre todos los planos, desde lo cotidiano y material hasta lo sutil, debemos, antes que nada, hacernos mental y físicamente disponibles, y además, crecer interiormente.

Cuando hayamos decidido efectuar la elección, ésta será para nosotros elección de vida.

Cuando nuestro corazón y nuestra mente estén abiertos a la realidad de los ángeles, la alegría que de ello se derivará será tan grande que ya no podremos renunciar a ella.

Hay, sin embargo, algunas otras cosas que debemos conocer, además de las mencionadas antes.

Son los mismos ángeles quienes hablan por medio de Hodson:

«No podéis llamar a los grandes ángeles en vuestro ser inferior. Para verlos y escucharlos deberéis subir hacia el mundo de ellos. Cuando superéis el umbral veréis a la poderosa multitud siempre inmersa en los millares de colores de arco iris...»

Traigamos a nuestra mente las palabras de Jesús en el Evangelio: «Si no os hacéis inocentes como niños no entraréis en el Reino de los Cielos».

EL SELLO DEL ÁNGEL

Canales humanos

Naturalmente, cualquier ser humano, por grande o pequeño que sea, puede ser un instrumento apto para canalizar, colaborar y divulgar la presencia angélica entre sus semejantes, manteniendo siempre los puntos que acabamos de examinar, pureza, desprendimiento, altruismo.

Aunque se necesitarán algunos siglos para formar canales estables y fiables entre los hombres, de algún modo hemos de comenzar. Los tiempos están maduros, ahora nos toca a nosotros...

Hay individuos que sienten instintivamente dentro de sí el deseo de trabajar en esta dirección; este instinto, este impulso es ya una señal. Estos individuos han entrevisto el sendero, ya han sido «contactados» desde lo Alto, y hallados aptos. Han recibido en su aura el «Sello del ángel». Los tibios, los indecisos, los curiosos, no se sienten empujados, a su pesar. Cuando llegue el tiempo de ponerse en camino, ocurrirá sin esfuerzos, sin dudas ni reticencias.

He aquí las palabras de Filipponio[1] sobre las «predilecciones» de lo Alto: «Son los colaboradores perfectos los hombres y las mujeres de mente extremadamente práctica y controlada, que tengan además dotes de idealismo e imaginación realizadora.»

Por lo tanto, nada de místicos soñadores (que podrán ser empleados en otros sectores y ser utilísimos), las vanguardias de los ayudantes humanos deberán tener una mente organizativa, sentido práctico y naturalmente ese equilibrio interior que les mantenga alejados de toda forma de fanatismo.

Ya estáis entre «los llamados»

Tengo la certeza de que muchos de vosotros sois ya desde hace tiempo colaboradores de las legiones celestes. A lo mejor, sin que vosotros mismos lo sepáis.

El mismo hecho de haber elegido y adquirido un libro sobre los ángeles, entre millares de libros en venta, es el signo de un interés preciso. Seguramente tenéis predisposición hacia los ángeles y, de eso podéis estar seguros, los ángeles se has enterado.

Vuestra aura, sobre todo, mientras leéis estas líneas, está emitiendo fuertes vibraciones de interés, de simpatía hacia ellos.

Este interés ha provocado, a lo largo del tiempo, una mutación en vuestra aura. Su esplendor se ha modificado, ha tomado formas y colores muy particulares, típicos de la llamada hacia los hermanos invisibles.

---

1. Giuseppe Filipponio, *Verso la Luce*, Roma 1986.

Desde lo alto, de los planos sutiles donde los seres angélicos operan, nuestro cuerpo físico es visualizado como un conjunto de colores en continuo movimiento. Todos nuestros pensamientos, sin posibilidad de esconder alguno, se manifiestan en el éter junto a nosotros, creando una trama de formas y colores que mudan continuamente.

Nuestro carácter, las tendencias, los sueños, las aspiraciones, los deseos de todo tipo, los miedos, las cóleras, la envidia, la alegría, la negatividad o el buen humor son bien visibles. Podemos esconderlos a los humanos pero no a los ángeles.

Es difícil que uno de ellos se deje engañar por nuestras finalidades y por nuestras intenciones ; la «lectura» de nuestro carácter es para ellos instantánea y sin posibilidad de errores.

Quien intente burlar la buena fe del hermano celeste corre riesgos gravísimos, puesto que están siempre al acecho los «ángeles oscuros»; capaces del mismo modo de leer las mismas cosas; astutos e insinuantes pueden disfrazarse, bajo cualquier forma, y consentir la ambición y el orgullo de quien no posee los requisitos de pureza necesarios para colaborar con la Luz.

El alfabeto de Luz

Todas nuestras emociones, nuestros pensamientos, incluso los más secretos, forman alrededor nuestro arabescos luminosos, un verdadero «alfabeto» que los ángeles están en condición de descifrar.

Serán ciertamente estos símbolos coloreados los que atraigan hacia nosotros a estos Seres de Luz, que se encuentran sobre nuestra misma longitud de onda. Esto ocurre en cada instante de nuestra vida diaria, también durante el sueño. Además, nuestros sueños son bien visibles en el aura que nos rodea.

Pero, atención, pues nuestro posicionamiento mental y emotivo puede atraer también a los seres oscuros.

Por medio de esta ley inmutable, un ánimo gozoso atraerá Seres gozosos, un ánimo hastiado atraerá sobre sí vibraciones de hastío, un deprimido se rodeará de depresiones, etcétera.

Sobre todos los planos, desde los más sutiles a los de la vida cotidiana, nosotros, y solamente nosotros, somos los constructores de nuestra vida.

La serena confianza en los ángeles, la apertura mental y espiritual frente a ellos, «señala» de un modo particularísimo nuestra aura. Es como si nos estampasen un sello luminoso que los Devas de todas las especies perciben.

Este «sello celeste» es la contraseña a través de la cual se reconoce a ciertas personas, localizadas y utilizadas como canales para hacer descender sobre los planos de la Tierra energías, intuiciones, consejos, posibilidades.

Este espléndido sello es, sin embargo, muy frágil. Una vibración de orgullo, vanidad, interés personal, egoísmo, lo rompería en pedazos.

Éste es uno de los motivos por los cuales los humanos no han sido casi nunca conscientes de ser los «ayudantes visibles» de los hermanos celestes, para protegerlos de los inevitables arrebatos de orgullo, puesto

que el ánimo humano es inestable e imprevisible, sujeto a todas las pasiones...

Queda todavía un punto bastante importante por
examinar. No todas las jerarquías de ángeles perciben
la presencia humana, sino sólo aquellas que están más
cercanas a la superficie de la Tierra.

Los Grandes Arcángeles con deberes extrapla-
netarios no tienen ningún tipo de contacto con la especie humana. De ésa se ocupan, cuando es necesario,
sus «subalternos».

El Arcángel responsable del planeta Tierra puede
todavía percibir la presencia de fuertes individualidades
humanas; se trata de individuos muy evolucionados,
particularmente seguidos desde lo alto.

Más allá del Arcángel planetario, el hombre no
tiene ya ningún ascendiente. Es como si un general de
cuerpo de ejército escuchase los lamentos de un solda-
do. Todo ocurre (salvo casos excepcionales) según la
escala jerárquica.

Esto no significa que el hombre esté abandonado a
sí mismo, ¡todo lo contrario!

Millares de seres se ocupan de él, llevan sus plegarias e invocaciones hasta la divinidad, interviniendo
donde sea necesario pero cada uno tiene su menester y
no interfiere en la misión de los otros.

Instruir a los niños

La cosa más sencilla para ayudar a la formación de
una nueva consciencia futura es tratar de reenseñar a
los niños la existencia del ángel custodio. Cualquier

padre, abuelo, tía o hermano mayor puede hacerlo con garbo y sencillez, haciéndose instrumento privilegiado del Gran Plano.

Cuando el niño haya comprendido bien la realidad de esta presencia, el paso sucesivo será el de enseñarle a dialogar con el compañero alado, a tener confianza en él, a contarle pequeños y grandes problemas, pidiéndole ayuda, consejo, y protección.

Es un diálogo facilísimo que cualquiera puede comenzar y, sin embargo, cuando se haya instaurado esta intimidad confidencial de pensamiento, será como si en los planos superiores se hubiese encendido una gran luz. El niño y su instructor humano serán inmediatamente visualizados por los ángeles ayudadores y seguidos con una atención totalmente particular.

Jesús, en el Evangelio, es muy claro: «Pedid, y se os dará; llamad y se os abrirá».

Afortunados los niños que crecen envueltos por la serena conciencia de la presencia del ángel; crecerán con grandes posibilidades de comunicar y afinar constantemente los propios medios de contacto.

En el transcurso de su vida, serán instrumentos infinitamente más válidos y sensibles que cuanto hubiésemos podido serlo nosotros en nuestra época.

También aquellos que se tomen la misión de instruir a los niños, y no sólo a los niños, sobre la presencia angélica, serán inmensamente ayudados y protegidos, puesto que se convertirán en colaboradores terrenos de las legiones celestes.

LOS ÁNGELES EN EL FUTURO DEL HOMBRE

La visión de Monseñor Leadbeater

El concepto de ángel ligado a la música, al color, pero, sobre todo, el gran papel que desempeñará en nuestro futuro, viene con frecuencia en la literatura esotérica, sobre todo en aquella de altísimo nivel que nos llega a través de los líderes históricos de la Teosofía.

Queremos proponeros integralmente algunas páginas sacadas de un precioso librito, publicado en 1980 por la editorial «L'età dell'Acquario» de Turín. Se trata de *Nascita della sesta razza madre* de Charles W. Leadbeater.

Momentáneamente es casi imposible encontrar el librito, pero el editor me ha asegurado que lo va a reeditar cuanto antes.

Como siempre, Eduardo Bresci se ha adelantado a los tiempos, lanzando al mercado publicaciones de extraordinario valor e interés.

A costa de grandes sacrificios económicos, con obstinación y coraje, ha llevado adelante el mensaje acuariano con fuerte adelanto sobre su propia época.

El contenido de este librito, de sólo 75 páginas, es inquietante. Se trata de la visión clarividente de Leadbeater que si no hubiese estado autorizada por su propia persona podría parecer pura ciencia ficción. Puedo asegurar al lector que no lo es. Las líneas que siguen, reproducidas textualmente, coinciden con otros textos canalizados en épocas y lugares muy diversos. Cambian los tiempos y los modos, pero la enseñanza es la misma.

Para hacer más comprensibles las palabras que siguen (sacadas de uno de sus libros)[1] es necesario dar algunas aclaraciones sobre la figura de Charles Webster Leadbeater, personaje de relieve en el mundo teosófico, cuya enseñanza no ha sido aún del todo revelada.

Nacido en Inglaterra en 1847 y muerto en Australia en 1934, tuvo una vida larga e intensa. Con sólo 13 años, instalado con su familia en el Brasil, vio torturar y masacrar, ante sus ojos, en Bahía, a su hermano Gerald y al padre. Se habían negado a pisotear una cruz, como se lo habían ordenado los insurrectos. Hubieran debido estar conmemorados en el calendario como mártires modernos, pero, desgraciadamente, no es así. Él mismo, siendo todavía un muchacho fue feroz-mente torturado.

Esta experiencia marcará su vida. Vuelto a Inglaterra, se licencia en Oxford y tomará las órdenes en la Iglesia Católica Liberal en 1878.

En 1883, después de haber conocido a Helen Blavatsky y al coronel Olcott, entró en la Sociedad Teosófica.

---

1. *L'uomo, donde viene, donde va.* Ed. Alaya, Milán 1929

Contactado directamente por los Mahatmas del Himalaya (los Maestros de los que a menudo hablamos en estas páginas) recibió las indicaciones de trasladarse a Ceylan, donde se adherirá a la religión Budista, sin que esto interfiera en sus Votos Católicos Liberales.

En estos años tratará a los personajes principales que sucedieron a la grandísima Madame Blavatsky en la dirección de la Sociedad Teosófica, de la que él mismo tomará las riendas nombrado Presidente en el año 1884.

Damodar, Hodson, Sinnett, Annie Besant, Krishnamurti, Arundale, Inarajadasa, pero también el catorceañero Nehru entraron en su vida y casi todos fueron sus discípulos.

En 1916 fue consagrado Obispo de la Iglesia Católica Liberal, cosa que, como habíamos visto, no contrastaba de hecho con su pensamiento budista.

Leadbeater siempre tuvo la facultad de la visión astral o, clarividencia, pero la aprovechará de modo sistemático solamente en 1919 en Adyar con la Señora Besant.

Cada tarde, en un largo y tórrido verano, los dos clarividentes, después de la meditación, entraban en los lugares: «iluminados por la Luz Astral», penetraban en un futuro ya escrito hace tiempo, y observaban sus grandiosos eventos. Dos colaboradores teosóficos, personajes de altísimo nivel, anotaban sus observaciones hasta en los más mínimos detalles.

Así nacieron algunos libros que han anticipado muchos acontecimientos...

Como veremos, no siempre ha sido fácil traducir al

limitado vocabulario humano las extraordinarias imágenes y colores, pero éste es un límite que todos los clarividentes encuentran en su historia personal.

Y cuando, al comienzo del siglo, en una civilización sólo parcialmente electrificada, Leadbeater deberá describir instrumentos todavía lejanos en el futuro, como el televideo y otra energía aún hoy desconocida, deberá poner a punto toda su capacidad para describir lo imposible.

Es el mismo frustrante límite que conocen bien los pintores, cuando intentan plasmar la delicadeza, la trasparencia diáfana de las imágenes que se presentan a sus visiones astrales. Los imperfectos colorantes humanos no están en grado de reflejar las luces difusas e iridescentes que ellos «ven» en los planos sutiles de la creación artística. Se ven obligados a contentarse con aquello que el mundo físico pone a su disposición.

La misma frustración encuentran los músicos inspirados. Su oído interior percibe melodías celestiales, sinfonías que provienen de los planos superiores y que no pueden ser reproducidas con los macizos y rudimentarios instrumentos humanos, sean de cuerda, de fuelle o electrónicos.

Lo que proviene de los planos superiores posee un nivel de vibración increíblemente distinto del humano. Formas, sonidos y colores reproducidos por los artistas inspirados, por muy fieles que sean, no son sino una pálida y desenfocada copia de lo que ellos han visto o sentido «en otra parte».

Un gran experimento

En su libro *Nascita della sesta razza madre*, Leadbeater describe detalladamente la vida de la nueva sociedad humana, un gran núcleo que se encarnará dentro de más o menos ochocientos años en la actual California, que en el futuro estará muy cambiada...

Probablemente entre estos individuos habrá muchos de la actual humanidad, aquellos que hayan logrado desarrollarse interiormente, que hayan logrado acelerar su proceso de evolución espiritual. Probablemente estaremos muchos de nosotros que estamos viviendo «aquí y ahora». Será, sin embargo, una vida «terrenal» en un cuerpo de carne, con afectos, amores, intereses, todo humano, pero los cambios habrán sido enormes, empezando por la alimentación.

Ningún animal será ya sacrificado para satisfacer el hambre de los hombres, ninguna escuela usará métodos represivos para inculcar las nociones en la mente de los muchachos. Todo sucederá con serenidad y alegría, bajo la guía directa de los grandes Devas, que habitarán junto a los seres humanos.

En las páginas que os proponemos, se describe la enseñanza que el ángel impartirá personalmente en el interior del templo. Habrá una concepción de «Iglesia» distinta, donde el sacerdote ya no será un ser humano que, aunque haya sido consagrado, continúa siendo falible, sino que será el Deva mismo. Tenga bien presente el lector que Devas y ángeles son la misma cosa.

«Los Devas, no solamente se aparecen de vez en cuando, sino que toman parte de modo definitivo en la organización general... Un Gran Deva tiene bajo su control todo el desarrollo religioso de la comunidad, así como también el departamento de educación.»

Una de las características más importantes es el espléndido flujo de colores que acompaña la enseñanza y que en realidad es su expresión principal.

"El Deva me mostró un espléndido edificio de forma circular, semejante a una catedral, pero de un estilo arquitectónico actualmente desconocido y mucho más abierto al exterior de lo que pueda ser cualquier catedral en los climas europeos.

»Imaginadlo lleno de gente devota y atenta. El Deva, en el centro, de pie delante de ellos, está en el vértice de una especie de cono o pirámide, de modo que sea visible desde cualquier parte del gran edificio.

»Es notable el hecho de que cada fiel que entra en el Templo, se sienta tranquilamente y después cierra los ojos, haciendo pasar delante de su visión mental una sucesión de colores, semejantes a aquellos que pasan a veces delante de nosotros en la oscuridad, cuando estamos a punto de dormirnos.

»Cada individuo tiene su orden particular en la sucesión de los colores, que son evidentemente el signo de su expresión personal.

«La naturaleza de esta operación parece corresponder a la de la oración preliminar que se recita en el siglo XX, entrando en una iglesia, y tiene como menester el calmar al individuo, recoger sus pensamientos dispersos y ponerlo en sintonía con la atmósfera circundante.

»Cuando la función ha comenzado, el Deva oficiante se materializa sobre el vértice de la pirámide, y para esta ocasión asume una espléndida forma humana y vistiendo un hábito muy ancho de un color rojo vivo (como veremos, el color varía según el tipo de enseñanza que se da en el templo).

»La primera acción del Deva es la de producir un poco más arriba de su propia cabeza una irradiación de colores brillantes, semejantes al espectro solar, sólo que el orden y la gradación de los colores varían según las circunstancias.

»Es imposible describir exactamente esta aureola de colores pues ellos constituyen mucho más que un simple espectro solar: crean una imagen con formas geométricas que no estamos en disposición de diseñar o representar adecuadamente, pues ellas tienen un número de dimensiones mayor de las que normalmente son percibidas por nuestros sentidos, según están actualmente constituidos.

»Este haz de luz o aureola indica el objetivo preciso que la función ha predeterminado alcanzar y la dirección a seguir.

»Se trata, de hecho, de un pensamiento, expresado en el lenguaje de los colores del Deva, comprensible, como tal, a toda la asamblea. Eso es materialmente visible en el plano físico, como también en el plano astral y mental, pues, en cuanto que la mayor parte de los componentes de la asamblea poseen por lo menos la vista astral, también puede haber todavía alguno que no ha desarrollado esta facultad.

»Cada uno de los presentes intenta imitar esta tonalidad, formando en el aire, mediante el poder de su voluntad, una franja más pequeña de colores, lo más semejante posible al original que ha emitido el Deva.

»Algunos lo logran mucho mejor que otros. Cada una de esas tentativas, manifiesta no sólo el sujeto indicado por el Deva, sino también el carácter individual de los presentes. Algunos de ellos son capaces de hacerlo de modo tan bien definido, que los colores se hacen visibles en el plano físico, mientras que otros no lo logran más que en el plano astral o mental.

»El Deva, por tanto, extendiendo los brazos, revierte sobre los presentes, mediante esta forma-color, una maravillosa corriente de influencia, una corriente que llega a ellos a través de su propia forma-color y los eleva en proporción a la mayor o menor semejanza con la del Deva.

»La influencia que se irradia, no es solamente la del Deva, pues por encima y más allá de él, fuera del templo y del mundo material, hay un círculo de Devas superiores, a cuyas fuerzas él sirve de canal.

»El efecto astral de esta efusión es extraordinario: un mar de luces de un color rojo pálido invade la vasta aura del Deva, y revierte sobre la asamblea y actúa sobre ella estimulando fuertemente sus emociones.

»Cada uno de los presentes eleva su forma particular en este mar rosáceo, pero por muy bella que sea esta forma, es, naturalmente, de un orden inferior a la del Deva, individualmente más tosca y menos brillante que la espléndida masa de la cual emerge.

»Resulta un bellísimo y curioso efecto de lenguas de fuego, de un rojo oscuro, que penetran en este mar rosáceo, semejantes a llamas volcánicas que se elevan frente a una magnífica puesta de sol.

»Para poder comprender al menos en parte, cómo viene provocada esta "actividad" de vibración de simpatía, debemos pensar que el aura de un Deva es infinitamente más grande que la de un ser humano y también mucho más flexible.

»El sentimiento que en un hombre común se expresa con una sonrisa de bienvenida, en un Deva provoca una instantánea expansión de luminosidad del aura, y se manifiesta no sólo con colores, sino también con sonidos musicales. El saludo de un Deva a otro Deva es un espléndido acorde musical, o mejor, un arpegio.

»Un Deva medio desarrollado tiene con frecuencia un aura cuyo diámetro mide muchos centenares de metros y cuando está frente a cualquier cosa que le interesa, o excita su entusiasmo, aquélla aumenta enormemente. Nuestro Deva incluye por lo tanto en su aura a toda la congregación entera y está en situación de actuar sobre ella de modo muy íntimo, tanto desde el interior como desde el exterior.

»Esta primera efusión sobre la asamblea, tiene como efecto elevar a cada uno de los presentes a su más alto nivel, y de despertar en él la más noble capacidad afectiva de la cual es capaz.

»Cuando el Deva ve que todos están en perfecta armonía, atrae nuevamente sobre sí la corriente de la propia fuerza y concentra y circunscribe su aura en una forma esférica más pequeña, desde lo alto de la cual se eleva una gran columna. Luego, en vez de extender los brazos sobre los congregados, los eleva sobre su propia cabeza y, a esta señal, cada uno de los presentes envía hacia el Deva todo el poder del propio afecto y de las propias aspiraciones, ofreciéndose a sí mismo, por así decirlo, en un acto de amor y de adoración de la Divinidad.

»El Deva atrae todas estas corrientes ardorosas y las envía hacia lo alto, en una sola inmensa llama de muchos colores, que se expande elevándose y es recogida por el círculo de los Grandes Devas que están a la espera. Éstos la pasan a través de sí mismos, transmutándola, y la hacen converger hasta alcanzar a un gran Arcángel.

»Este poderoso Ser recoge corrientes análogas de todas las partes del mundo y entreteje todas estas variadas corrientes como una inmensa cuerda que ata la Tierra a los pies de su Dios...

»Y el Divino responde. En Su misma luz, se percibe, por un instante, un esplendor aún mayor, y el reconocimiento inmediato retorna al Gran Arcángel; por medio de él, revierte sobre el círculo de los Devas Superiores, y finalmente sobre el Deva en el interior del templo.

»Éste baja los brazos y los extiende en un acto de bendición, dirigiendo el torrente de Poder sobre la Asamblea.

»Toda la catedral está invadida por un flujo de colores de una belleza indecible: parecen torrentes de fuego líquido, pero dotados de una inmensa delicadeza de tonalidades.

»Ellas envuelven a los presentes y de toda esta gloria cada uno recoge y absorbe, según su capacidad y necesidad, aquello que su propio grado de desarrollo le permite asimilar.

»Los vehículos sutiles de todos los presentes son vivificados y llevados al máximo grado de actividad por este estupendo influjo de poder divino, y cada uno realiza, momentáneamente, al máximo de su propia posibilidad todo lo que significa realmente la vida de Dios y cómo ésta deba expresarse en todos mediante el amor hacia el prójimo.

»Esta bendición es algo que se adapta a cada uno individualmente, que lo refuerza en sus puntos débiles y, al mismo tiempo, desarrolla en él, al máximo grado, las mejores cualidades, dándole no sólo una grandiosa experiencia trascendente, sino dejándole también el recuerdo que constituirá para él, en los días próximos, una luz radiante.

»El efecto benéfico de esta función no se ejercita solamente sobre aquellos que están presentes; sus radiaciones se extienden sobre una vasta superficie y purifican la atmósfera astral y mental (de la Tierra, n.d.a.).

»Su efecto es claramente perceptible por quien sea ligeramente sensitivo hasta a una distancia de diez kilómetros del templo.

»Se libera una poderosa emanación de forma-pensamiento que llena la atmósfera e impregna el país circundante de pensamientos de amor.

»En el templo viene a formarse algo parecido a un inmenso remolino de energía casi permanente cuya influencia es inmediatamente advertida por quien entra en él y que mantiene sobre la zona circundante una irradiación continua.

»Además, cada uno de los presentes, volviendo a casa, se manifiesta a su vez como un centro de fuerza del mismo orden, y las emanaciones que irradian de él son fuertemente perceptibles de todos sus vecinos que no han podido asistir a la función.»

No es ciencia-ficción

Hemos querido citar todo el párrafo, que a veces parece que se alarga en detalles, puesto que es un momento clave para comprender cómo y cuánto la colaboración ángel-hombre puede transformar los mismos parámetros de enseñanza.

En la sociedad futura de la que habla Leadbeater, existen templos de diversos colores según el tipo de función para el cual son empleados. Hay un templo para la música, otro para el arte, se describen nuevas formas de energía y medios de comunicación...

Algunas partes parecen sacadas de un texto de ciencia-ficción, pero no lo son. Tened presente que esto se ha escrito hace casi un siglo, cuando la corriente eléctrica era un lujo para pocos y solamente en las grandes ciudades.

Cuanto hemos dicho forma parte de la visión clarividente de Leadbeater, que en parte ya se ha verificado (televisión, televideo, alta velocidad, etcétera) pero que deberá todavía realizarse en el arco de ochocientos años... Será el gran experimento de una nueva forma de sociedad, destinada en el transcurso de pocos milenios a influir en la totalidad del género humano; una verdadera raza nueva será aislada del resto de la humanidad ya encarnada.

Todo ocurrirá sin traumas ni sufrimientos, gracias a una integración gradual.

En la fase inicial, la nueva sociedad estará formada solamente por una pequeña cantidad de individuos, para después expandirse según el nuevo, armonioso modelo.

También en nuestra sociedad actual hay muchos individuos en muchos niveles de evolución espiritual y tecnológica.

Existen poblaciones bosquimanas y aborígenes y contemporáneamente, a pocos kilómetros de distancia de su hábitat, hay instalaciones nucleares, rampas de lanzamiento para misiles extra planetarios, señales de una misma humanidad en diferente estadio de civilización.

En la California del futuro habrá una «comunidad distinta», guiada y aconsejada por la presencia de criaturas extrahumanas, pero contemporáneamente la humanidad «normal» continuará poblando el planeta.

Solamente con el paso de los siglos este modo de vivir y de pensar será adoptado por una franja cada vez más vasta de población.

Serán éstos los que hayan desarrollado, en su interior, la seguridad en la existencia de Criaturas Superiores; de otra manera esta elección de vida sería totalmente incompatible.

¿Cómo se puede aceptar la guía del ángel si no se cree en su existencia?

Para que este salto cualitativo ocurra, es necesario comenzar ahora, y hacer comprensible y posible la colaboración de los hombres con estas criaturas superiores, puesto que todo debe nacer del interior del individuo, espontáneamente y no como imposición de fe y de dogma. El tiempo de los dogmas, de las inquisiciones y de las excomuniones ya ha sido superado con mucho, pero la humanidad «dormida» aún no se ha dado cuenta.

MENSAJES DE LOS ÁNGELES

Una voz no escuchada

El mensaje de colaboración es ofrecido por los ángeles a todos los individuos de la especie humana, pues todos, en diversa medida, tienen su parte en este Plano.

Existen personas que, más que otras, pueden acelerar el proceso de evolución espiritual de sus hermanos. Pero, extrañamente, estas mismas personas, sea por profesión, condicionantes o actitud mental, son aquellas que más se cierran. Es justamente a algunas de estas categorías particulares a las que los ángeles han dirigido, por medio de Hodson, algún mensaje.

Las frases citadas entre comillas han sido tomadas textualmente y forman parte del libro del cual ya hemos hablado: *La Hermandad.*

A los científicos

«En vuestros estudios científicos, a medida que ellos conducen más adentro en los reinos superfísicos, estad siempre concientes de nuestra presencia en la manipulación y la ordenación de las fuerzas naturales.

»Detrás de cada fenómeno, encontraréis un exponente de nuestra Especie.

»Nuestra posición en el ámbito de la Naturaleza es estrechamente análoga a la del ingeniero mecánico; no es él la fuerza motriz, pero la dirige. Así como su constante atención y vigilancia son necesarias para el buen funcionamiento de la máquina, así también los ángeles (o Devas) son esenciales para el buen funcionamiento del gran mecanismo de la Naturaleza o de cada mecanismo individual del cual la Naturaleza misma está compuesta, desde el átomo al arcángel.

»Mientras que la presencia de nuestras invisibles cohortes sea ignorada por la Ciencia, existirán lagunas en vuestro saber, lagunas que podrán ser llenadas solamente cuando comprendáis nuestro puesto en el esquema de la naturaleza.

»El científico debe aprender a comenzar la observación desde el punto en el cual el artista desiste.

»Metiéndose en el corazón central de la cosa observada, debe proseguir su investigación hacia el exterior de la circunferencia. No perderá en este experimento la claridad de mente, la exactitud en las observaciones, que él tanto considera, sino que las dirigirá hacia nuevos puntos de vista.

»El científico debe en primer lugar adquirir la técnica necesaria, la que se obtiene en el laboratorio y sobre el texto científico; seguidamente, olvidando todo esto por un cierto tiempo, dedíquese a la meditación, preferentemente entre las bellezas de la naturaleza, dirigiéndose a nosotros en busca de ayuda. Si su corazón es sincero, el Saber y el Conocimiento penetrarán ciertamente en él.»

Me permitiré añadir otro párrafo, proveniente de una fuente distinta pero no menos importante que la angélica. Se trata de la enseñanza de un Maestro del Himalaya a los Givaudan. En ella está escondida una clave que, acaso, en las manos de un científico de corazón puro podrá hacernos dar un gran paso adelante:[1]

«Si creáis una vibración a bajísima frecuencia, ésta se hace sensible al tacto y, en tal sentido, se puede hablar de unidad total de la materia: pronto se descubrirá que no existen diversos elementos químicos, sino uno solamente del cual derivan todos los demás.

»Intentad, ahora, aumentar la frecuencia de la vibración, y obtendréis un sonido. Si la aumentáis aún, se convertirá en color y, finalmente, en luz, pasando por todos los colores del arco iris.

»Y continuando con el experimento daréis origen a la electricidad y finalmente a la energía psíquica que se concentra en el bulbo afalorraquídeo.»

Siempre del mismo texto, traigo un párrafo reservado no sólo a los científicos sino también a todas las personas de mente abierta. Entre éstas habrá ciertamente alguien a quien podrá dar indicaciones importantes: «La luz solar transporta una energía positiva en el mundo de la materia, pero posee una energía negativa en el universo astral, puesto que ésa es una manifestación más material».

Son palabras destinadas a abrir una rendija en la

---

1. Givaudan Racconti di un viaggiatore astrale, Ed. Amrita, 1989.

puerta del futuro. Quien tenga oído para entender, entienda...

De lo alto nos pueden decir mucho, pero no todo. Hubiese sido inútil, por ejemplo, hacer intuir a los científicos medievales el uso del motor eléctrico si antes no se hubiese descubierto la energía eléctrica... Y sin embargo, ya desde la más remota prehistoria, la energía eléctrica corría a raudales en torno al hombre ignaro.

A los sacerdotes

Cualquiera que sea la fe que profesen, me es particularmente difícil establecer con ellos un discurso sereno. Personalmente, carezco de prejuicios hacia los diversos cultos, pero la cosa desgraciadamente no es recíproca... La misión de los sacerdotes es grande y difícil: en todas las religiones son un punto de referencia. Representan el trámite entre una divinidad lejana y el hombre, lleno de dudas y esperanzas.

En relación a todo lo que es sagrado tengo el máximo respeto y estima, pero veo claramente, también, los límites dentro de los que están constreñidos a actuar.

Los dogmas y las tradiciones ponen barreras, crean laceraciones que llegan hasta el fondo del alma. Ya es hora de abatirlas y comenzar a pensar en términos de una humanidad única, con un destino común y no en tantas humanidades ferozmente divididas por diferencias de religión, pues Dios es uno.

Deberemos finalmente hacer penetrar en la mente y en los corazones de todos que existe un Dios único, padre de toda la humanidad blanca, negra o amarilla, y si mañana hubiese una humanidad verde o morada, también sería padre de ésta, sin distinción.

Un Dios único del cual todo emana y al cual todo retornará. Un Dios que en épocas diversas ha enviado su presencia entre los hombres, para enseñarles amor y sabiduría. Y sus enviados han tenido nombres diversos y colores diversos de piel, según el lugar, la raza y la civilización en la que tomaban cuerpo.

Hijos del mismo Padre

Personalmente creo en Cristo, su hijo, también enviado en una larga lista de nombres de Maestros. Hijos del mismo Dios Padre y de su amor hacia la humanidad. El amor y la obediencia del Cristo ha sido tan total de dejarse conscientemente injuriar, torturar, asesinar, clavado a un leño, uno de tantos instrumentos de la perversión de los hombres.

Creo en la real existencia de las infinitas legiones de ángeles, desde las Tríadas superiores delante del trono de Dios hasta el más pequeño custodio de los reinos minerales, del elfo a las hadas, éstas también ángeles si bien de orden inferior.

Pero también tengo la absoluta certeza de que Dios Padre responde con amorosa solicitud, por medio de sus ángeles, también a quienes lo invocan bajo el nombre de Vishnú o Manitú, Alá o cualquier otro.

Y tengo la misma granítica certeza de que la divinidad femenina que hoy llamamos Virgen María, se presentará a la cabecera de cada parturienta, aunque se

222

esté invocando a la Diosa Madre Durga, Tara o Saraswati. Y la misma divinidad femenina se manifestaba también cien mil años antes de que María transcurriese sobre la Tierra su breve e intensa vida. Cada vez que una mujer ha pedido la ayuda de Ishtar, de Tanit o de Isis la Misericordiosa, alguien ha acudido siempre, no importando si el nombre era pronunciado con la entonación justa o no.

Y Dios Padre se manifestaba de mil modos distrintos, prodigando sus amable dones, invocado con quién sabe qué misteriosos nombres por una humanidad ya sepultada bajo los continentes que fueron la Atlántida, Lemuria, Mu, Hiperbórea, Thule y quién sabe cuántos otros... Nombres, nombres, son solamente los nombres los que crean confusión y barreras en la mente y en el corazón de los hombres. Nombres por los cuales se está dispuesto a torturar y matar a un semejante que, en vez de partir el pan, eleva tal vez las manos juntas hacia el Sol. Ha ocurrido, y volverá a ocurrir...

Ésta es la causa por la que no logro comunicarme con algunos sacerdotes, sobre todo con esos fanáticamente intransigentes, con aquellos que no quieren considerar a la humanidad entera, bautizada o no, como parte integrante del cuerpo de Dios.

Pues casi ninguno de ellos, sea cual sea la religión que profese, logra aceptar la idea de que Dios ha descendido miles de veces sobre la Tierra con caras y nombres diferentes, uno de los cuales, no ciertamente el último, fue Jesús.

No logro comprender ni compartir el absurdo fanatismo de algunos de ellos que continúan cerrando los ojos ante esta reconfortante realidad, y que no practi-

223

can la enseñanza «amaos los unos a los otros como Yo os he amado». Pero no pretendo abrir polémica alguna, mi ánimo está sereno, dispuesto a colaborar con quien comprenda que todo es Uno.

Los sacerdotes con visión de futuro son una verdadera bendición del cielo, apoyados e iluminados por los ángeles que guían la venida de la Nueva Era. Verdaderos colaboradores terrestres de las Legiones Celestiales.

La sonriente figura del Redentor la tengo bien clara en la mente. Creo que el retorno del Cristo será debido al hecho de que cada uno de nosotros deberá llegar a ser como el Cristo, desarrollar en su propio corazón Su mensaje de amor y solidaridad con los más débiles, convertirse como él en una fuente de luz y de esperanza. Cuando esto se haya verificado, en verdad el Cristo habrá retornado, reinará verdaderamente en la Tierra y su reino no tendrá fin.

Y es por esto por lo que los ángeles nos ofrecen su colaboración, para elevarnos, para hacer germinar aquel Cristo sonriente y luminoso que cada uno de nosotros lleva en el corazón.

El ángel de los rituales

Los ángeles participan con gran intensidad en las celebraciones de los ritos religiosos, cualquiera que sea la religión, monoteísta o pagana.

Fulguran en todo su esplendor en los momentos álgidos de las Celebraciones, cuando el alma de los oficiantes y la de los fieles vibra en perfecta sintonía.

La percepción de su presencia ocurre a menudo, también por parte de personas no particularmente dotadas de sensibilidad psíquica.

Durante la celebración de una Misa al aire libre, en la Isla de Java, Hodson, que tenía el don de la visión pura, hizo las siguientes observaciones:

«Antes de que el Servicio se iniciase, los ángeles y los Espíritus de la naturaleza se reunieron en un gran número junto al altar, atraídos por los preparativos y por la intención de todos los participantes.

»Como era de esperar, en este atrayente país de lujuriosa vegetación tropical, hadas y espíritus de los árboles predominaban en la asamblea, mientras que los grandes Devas de la montaña participaban desde sus sedes más allá de sus respectivos picos.

»En el momento del Ofertorio, parece como si toda la naturaleza se uniera al hombre en la oferta de las Especies Eucarísticas...

»Mientras los ángeles y los Espíritus de la naturaleza, de cerca y de lejos, compartían la devoción humana, la celebración asumía proporciones que iban mucho más allá de cuanto era visible a nivel físico.

»En el momento de la Consagración, cuando, como siempre, la Potencia y la Presencia del Señor descendían en un aura de resplandor, los ángeles se arrodillaban con reverencia. La vida de la naturaleza, alrededor del altar, pareció brillar con más esplendor. La conciencia de los minerales y de las plantas pareció despertarse y responder en el momento en que la gloria de Su presencia resplandeció sobre el altar, nada más pronunciar las palabras verdaderamente mágicas de la Consagración.»

La Misa en el pinar

Desgraciadamente, no tengo, como Hodson, el don de la clarividencia ni (por suerte) el de la mediumnidad, sino una sensibilidad muy acentuada hacia los planos sutiles; esa sí la tengo, y con los años, abriendo la puerta a los ángeles, he desarrollado con ellos una relación muy particular.

Hace algunos años me encontraba de vacaciones en Paestum, en un hotelito de la playa, casi escondido en un bosque de pinos y eucaliptos, en un monte bajo mediterráneo aún salvaje, alejado del turismo de masas. Había un anciano sacerdote entre los pocos huéspedes, el padre Héctor, un sacerdote como los de antes que a lo mejor no compartiría en absoluto estas líneas...

El domingo por la mañana fueron dispuestas dos mesas en el pinar, improvisando un altar, un mantel muy blanco, dos tiestos de geranios, alguna flor selvática recogida en el bosque, un par de sillas; el resto era el escenario natural del ocaso mediterráneo. La Misa comenzó entre el canto de los pájaros y de las cigarras que casi tapaban la voz un tanto cansina del sacerdote. Mientras el ritual proseguía, podía percibir una sensación de recogimiento, no generado por las personas presentes. Era como si la vibración del aire circundante hubiese sido cambiada, como si estuviésemos todos envueltos por un extraordinario magnetismo, como rodeados por un campo de energía.

Con la prosecución del ritual se había creado, por parte de los animales, que al principio cantaban con fuerza, un silencio desacostumbrado, era como si toda la naturaleza circundante estuviese reteniendo la respiración... Tenía la impresión de que también la luminosidad del aire había cambiado. Sin importar que el ocaso avanzase, la luz parecía más nítida y tersa...

Advertía una intensa sensación, como de gran espera, de participación y contemporáneamente la presencia de los muchos Devas del lugar.

Me parecía percibir a los Devas verdes del pinar, los azules y oro de la costa, los grandes Devas guardianes de los antiguos templos, estupefactos y sobrecogidos ante el misterio que se estaba celebrando. Parecía como si todo el aire alrededor de nosotros estuviese saturado de una cosa que no lograría definir con palabras, diría una especie de electricidad, de vibración... El silencio de los pájaros y de las cigarras era algo sobrenatural, estupefaciente...

Creo que fue la Misa más intensa de toda mi vida. En el momento de la Comunión me sentía verdaderamente en «comunión» total con el cielo, la tierra, los ángeles, el pinar, el agua, los animales y los seres humanos que estaban a mi alrededor.

Estoy segura de que todo esto no ha sido fruto de una sugestión sino de una real percepción... He vuelto a sentir este maravilloso arcano silencio de la naturaleza más tarde, en la India, en el momento en que Sai Baba sale del templo y lleva su bendición a la multitud que espera. Y sin embargo, hasta un instante antes, monos, ardillas, pájaros habladores y desconocidos competían, empeñados en la alegría vocinglera típica de los lugares tropicales.

Un mensaje de esperanza

No tengo palabras particulares para los sacerdotes sino la gran esperanza de poder hablar un común lenguaje de amor y de hermandad, ahora, posiblemente...

Para ellos, cito textualmente las palabras mismas de los ángeles a Hodson, palabras en las que creo, por un instinto seguro:

«Haced que todas las Iglesias y todos los adeptos al culto que siguen este camino, nos dejen penetrar en su mente y en su trabajo, concediéndonos un espacio mayor en su actividad benéfica.

»Miembros de las cohortes angélicas revolotean sobre los jefes de todas las Iglesias, están al lado de cada sacerdote y, sin embargo, ¡con cuánta frecuencia los ángeles se sienten excluidos por barreras levantadas por sus mentes!

»Haced que los ministros del culto y los fieles abran la mente al reconocimiento de nuestra presencia entre ellos, e invoquen nuestra ayuda; pronto, muy pronto, algunos de ellos comenzarán a percibir el batir de nuestras alas, sentirán un flujo de capacidad y potencia en su trabajo y, sucesivamente, una mayor felicidad en su propia vida... Si quisierais abrirnos la puerta de vuestra mente, esas puertas tan tenazmente cerradas a nosotros, a pesar de las antiguas enseñanzas de vuestra fe, llenaríamos las iglesias, las mezquitas y los templos...»

Personalmente, encuentro muy bella y llena de esperanza esta última frase y pienso que, por el contrario, suscitará horror en aquellos (¡esperemos que pocos!) integristas católicos para los que las mezquitas y los templos de otros cultos habría que vaciarlos en vez de llenarlos. Si cada uno llenase las propias iglesias con alegría, con respeto hacia la iglesia del otro, con respeto hacia un único Dios Padre al cual dirigir la devoción del planeta entero, la humanidad olvidaría el odio y la guerra... Lo que para muchos es una gran esperanza, para muchos otros parece, por el contrario, una blasfemia.

Recuerdo otro momento de gran intensidad y unión con el Todo. Estábamos en Asís, el día dedicado a la oración mundial para la paz. Todos los jefes de cada religión, desde el Dalai Lama al papa Juan Pablo II estaban presentes. La tarde anterior, todas las iglesias habían quedado abiertas, con el Santísimo expuesto, abiertas a la veneración de todos, de cualquier credo.

Aquella noche pasé de una iglesia a otra, haciendo meditación en varios lugares, sentada al lado de otros sobre el pavimento a la manera oriental.

He meditado y rogado codo a codo con los hebreos, los musulmanes, los budistas, los sintoístas. Cada uno rezaba en su propia lengua y según su propia costumbre y era muy hermoso saber que nos entendíamos, que en el fondo estábamos llamando con nombres diversos a un mismo Dios Padre.

Pero acaso la emoción más grande ocurrió en una pequeña, antiquísima capilla, rodeada por muchachos de no sé qué culto, todos sentados sobre el pavimento, ante el Santísimo expuesto, haciendo meditación juntos, cada uno con su mantra, bajo la mirada sonriente de las monjas que en otro momento seguramente nos habrían echado.

LOS ÁNGELES EN NUESTRAS CASAS

Cultivad el silencio

Para acercarse a nosotros con serenidad, los ángeles nos piden que modifiquemos algunas cosas en nuestra vida cotidiana.

Hemos visto cómo nuestro mundo y el de ellos son profundamente diferentes. Nosotros vivimos inmersos en una atmósfera «densa», tan pesada, que a ellos les parece «viscosa».

Nuestros pensamientos están oscurecidos por la tristeza, por la aridez, por la depresión, por la rabia, por la envidia. En el éter que nos circunda, todos nuestros pensamientos asumen una forma y una luminosidad diversa, según la elevación espiritual con la que los hayamos pensado.

Los ojos de los ángeles, que ven perfectamente nuestras auras, nos perciben como criaturas a veces espantosas, rodeadas por formas, colores y sonidos estridentes y desagradables, que les hieren. Los sonidos de nuestra civilización son lacerantes: silbidos, golpes, chirridos de metal, sirenas, bocinas, gritos...

Añadamos a todo esto la vibración todavía peor que acompaña los frenazos, insultos, explosiones, y entenderemos qué gran sacrificio deben soportar los ángeles al acercarse a nosotros. Precisamente ellos, que provienen de mundos de belleza, música, colores y armonía, tienen como misión la custodia de esta humanidad ruidosa e insensata...

Cuando además se entromete la música de varios rockeros, de los *heavy*, se superan verdaderamente los límites soportables, no sólo los humanamente soportables, lo que ya es limitado de por sí, sino que nos hacemos repelentes para los mismos ángeles, ¡que precisamente nos muestran tanta paciencia! Oigámosles:

«Si solamente emulaseis a los Devas del aire en su paso silencioso, que viven su vida no con ausencia de sonido, sino en medio de los cantos... Todos sus movimientos son armonía, cada pensamiento traza un esplendoroso cuadro sobre la tela del cielo... Sus verdaderas pulsaciones son un murmullo de alegría.

»Cuando enseñéis a los hombres que nosotros acudimos a ellos, pedidles este favor en nuestro nombre: que cultiven la paz.

»La vida debe ser en verdad movimiento y sonido en movimiento; pero haced que todos los sonidos de la vida humana tengan armonía y enseñadles a hacer su camino dulce y melodioso.

»Enseñadles a escuchar la música de los árboles, mostradles el modo de vivir de los abetos, de los pinos y de las hayas, que continuamente oscilan y cantan. Han oscilado y cantado desde que el tiempo existe, ahora son incapaces en cualquier circunstancia de sonidos estridentes y discordantes en su canto.

El Guardián del Umbral

»Muchas veces nos acercamos tanto a vosotros, que esperamos que oigáis el batir de nuestras alas, mas por desgracia no nos oís. Muy a menudo debemos retirarnos, alejarnos casi con horror, rechazados por los sonidos y por las formas emanadas de vuestro modo de vivir.

»Rogad por la abolición de todo sonido que pueda ofender los oídos de un niño. En la ciudad, en la carretera, en los senderos del campo, en la fábrica, en las granjas o en las campiñas, buscad la armonía de cada cosa.

»Mientras no eliminéis gradualmente esta insalvable barrera de ruido que habéis levantado, separará nuestro mundo del vuestro.

»Enseñad a vuestra gente a cultivar las horas de tranquilidad, a aprender la alegría de la paz, el estado de ánimo de la felicidad silenciosa... Comenzad una gran campaña, decid a todos que quieren ayudaros, que esta gran oleada de brutalidad y de violencia debe pasar, pues este hecho constituye un preliminar esencial para la realización de nuestros recíprocos ideales.»

Estas palabras, escritas hace sesenta años, cuando aún había un gran silencio comparado a hoy día, nos hacían entrever algo que en aquellos tiempos era casi desconocido para la masa: la meditación.

El ángel habla de silencio interior, de escuchar e imitar el susurro de los árboles, de crear el silencio en el alma, y de intentar transportar este silencio al mundo exterior.

Por lo que respecta al ruido físico, todavía hay mucho que trabajar; pues, al contrario, parece que cuanto más pasa el tiempo, más ruido hacemos.

Para el silencio interior, por el contrario, algo se está empezando a hacer. Con mucha lentitud, pero gradual e imparablemente, en el mundo occidental se va difundiendo la meditación.

Éste es un sendero privilegiado, casi una autopista por medio de la cual llegaremos al contacto con los ángeles.

El culto al ángel

Antes de iniciar este argumento es necesario hacer una premisa. El «culto» al ángel no debe *jamás*, en ningún momento, convertirse en un sustituto de la religión habitualmente profesada.

El ángel es un compañero, un instructor, un guía, pero no es más que esto. Más allá de los ángeles, existen otros Grandes Seres que observan y guían la evolución de la humanidad. El ángel es, por así decirlo, el ejecutor material de la voluntad superior.

Cristo es definido como «El instructor de los ángeles», pues ellos están sometidos a su jurisdicción.

Manteniendo firme este inalienable principio, la colaboración del hombre con las legiones angélicas representa un momento de gran crecimiento interior. La devoción al ángel abre nuestra mente a la comprensión del gran misterio de Dios, pues el ángel es su mensajero, el portador de la Palabra.

Todos los dones que nos vienen por mediación del ángel, provienen directamente de la divinidad.

A diferencia del hombre, el ángel no tiene libre albedrío; él no improvisa nada, obedece.

Su presencia silenciosa y constante es a veces percibida por el hermano humano, pues las dos naturalezas son muy cercanas, solamente un pequeño salto dimensional las divide, les impide mirarse directamente a los ojos.

El «salto» de la dimensión humana a la angélica ocurrirá de modo tangible dentro de algunos siglos, como ha visto de modo clarividente Monseñor Leadbeater.

De nosotros depende acelerar este pasaje, construir el puente entre las dos dimensiones, de modo que podamos recorrer el trecho que nos separa. Difícilmente serán ellos quienes «desciendan» más allí de un cierto límite; seremos más bien nosotros quienes debamos «subir».

Veamos de qué parte comenzaremos este recorrido, siguiendo las indicaciones que los ángeles dieron a Hodson:

«Sería necesario encontrar un puesto también para nosotros en la vida familiar de los seres humanos. En algunos países los habitantes atraen nuestra presencia, pero también entre ellos, los antiguos rituales han perdido su fuerza vital, están consumidos por el uso prolongado. Quienes deseen pasar el puente que lleva a nuestro mundo deben idear las adaptaciones necesarias para la civilización occidental.»

Los ángeles en nuestras casas

Los mismos ángeles sugieren crear, en cada casa, escuela, hospital o lugar en que se vive en comunidad, un pequeño espacio destinado a ellos. Piden simplicidad absoluta, limpieza y belleza.

En nuestras casas, aunque cada vez sean más pequeñas y sobrecargadas de «cosas» no será difícil encontrar un lugar para ellos.

Al ángel le es suficiente un espacio pequeñísimo, y si no lográis encontrarlo, bastará una imagen colgada en la pared, y si ni esto es posible, bastará que pensemos mentalmente y con gran intensidad que aquel rincón es «suyo».

Bastará un jarro con flores frescas, siempre que intencionadamente estén ofrecidas a él, incluso si no hay una imagen sagrada para atraer al ángel hacia aquel lugar. Pues será la intensa llamada de vuestro corazón quien lo atraerá allí donde queráis que él esté.

Una vez elegido su puesto, visualizad al ángel en aquel lugar, enviadle constantemente pensamientos de amorosa simpatía, de fraternidad. Por la mañana, paraos un momento para una breve plegaria, pedidle ayuda y protección para la jornada que comienza.

Por la noche, antes de iros a dormir, dirigidle otro breve pensamiento de acción de gracias por el día que acaba de terminar, pidiéndole protección durante la noche para vosotros y para todos vuestros seres queridos.

No olvidéis enviarle un pensamiento para la paz y para la serenidad de todo aquello que vive.

En las últimas páginas hallaréis algunas oraciones, elegid aquellas que prefiráis.

Podéis escribir otras usando vuestras palabras, lo importante es actuar, lanzar al éter las guirnaldas de luz de muchos colores de vuestro pensamiento amoroso. Siempre hay un ángel dispuesto a recogerlas y a llevarlas a los pies de Dios.

Si tenéis la posibilidad, montad un pequeño altar, bastaría una mesita de sólo 20 centímetros. Recubridla con un mantel blanco o de colores tenues, pero siempre limpísimo, y traedle siempre flores frescas.

Sentaos delante en vuestra silla o sillón y cuando os pongáis a rezar, encended una vela o una varilla de incienso. La vela representa vuestra intensa atención, y el incienso y las flores son la oferta de belleza.

Será vuestro mismo pensamiento quien «consagre» aquel lugar. Cuando os recojáis en oración o enviéis un pensamiento amoroso, el ángel allí estará, escuchándoos.

Trabajar en grupo

Si sois tan afortunados como para formar un pequeño grupo de personas en sintonía que se reúnan para meditar y rezar, la ayuda que podréis recibir será inmensa. Y también será inmensa la ayuda que podréis dar a vuestros semejantes.

Os podréis reunir para enviar energía curativa, por medio del ángel, a personas enfermas. Podréis enviar energías de luz, pensamientos de solidaridad, comprensión, amor fraternal y desinteresado hacia lugares o personas.

Por ejemplo, hacia dos cónyuges que están a punto de separarse, hacia un joven extraviado, una persona acusada injustamente, hacia un lugar en el que ha ocurrido una catástrofe o un desastre natural (ver la plegaria a los Devas consoladores) o hacia una nación en guerra. Será la página de sucesos la que os dé la ocasión.

Antes de iniciar la plegaria, lavaos cuidadosamente las manos (símbolo de la ablución ritual con la que había que acercarse al templo). Después, hablad entre vosotros para decidir sobre cómo utilizar la energía y hacia quién dirigirla.

Después de esto, entrad por algunos minutos en silenciosa meditación, fijando en vuestra mente la imagen del ángel. Pedidle con simplicidad que intervenga con sus Legiones para sanar, aconsejar, proteger...

Terminad con una plegaria colectiva de acción de gracias.

Naturalmente, estas líneas no son sino un bosquejo básico; a medida que avancéis aportaréis por vuestra iniciativa todas las modificaciones que consideréis oportunas.

Y si bien ahora, a estas alturas, es superfluo, querría por una vez recordaros los requisitos fundamentales para que de todo esto se saque un auténtico beneficio: pureza de corazón, altruismo, y desinterés personal.

Si uno de estos requisitos falta, ya no será un ritual de luz y las criaturas que os rodeen podrían no ser propiamente ángeles...

LA MEDITACIÓN COMO CAMINO

Un canal privilegiado

La meditación es ciertamente uno de los canales privilegiados para abrir la puerta al diálogo con el ángel.

Meditar regularmente procura comúnmente un inmenso beneficio en todos los planos. Aumenta la sensación de bienestar psíquico-físico, hace más estable el equilibrio emocional, mejora el aprendizaje y la memoria, potencia la capacidad creativa e intuitiva.

Sobre la meditación en general, habría muchísimas cosas que decir, tantas que he escrito un libro entero sobre este tema.[1]

Aconsejaría vivamente a cualquier lector comenzar a meditar; los beneficios que de ello podrá obtener mejorarán ciertamente su vida, sin contraindicación alguna.

La meditación es una especie de «tranquilizante» del pensamiento, calma los arrebatos de la emotividad,

---

1. *Meditare è facile*, Ed. L'Ariete, 1991.

y deja la superficie de la mente limpia y serena como un espejo de agua.

Y sobre este límpido lago, muy visible desde lo alto, podrán posarse los pensamientos y las intuiciones que provienen de los planos sutiles.

Generalmente, nosotros ofrecemos a los Maestros invisibles nuestra mente como una copa llena de preocupaciones. La meditación vacía esta copa, hace que se vuelva pulida y acogedora para que pueda rellenarse de pensamientos divinos.

El siguiente esquema es rápido y eficaz para quien pretenda comenzar a meditar, seguidlo punto por punto. Entre un punto y otro, tomad unos segundos de pausa.

- Sentados cómodamente, espalda recta, manos apoyadas sobre las rodillas. No es necesario estar en el suelo con las piernas cruzadas, si no se está acostumbrado entran calambres; si el cuerpo está incómodo la mente se queda atenazada al cuerpo, por lo tanto, punto primero: estar cómodos.

- Emitid tres respiraciones lentas y profundas, inspirad por la nariz y expirad por la boca.

- Permaneced por uno o dos minutos sin pensar en nada en particular. Caeréis en la cuenta de que todos los pensamientos se agolparán en vuestra mente; analizadlos imparcialmente, sin luchar para desecharlos.

- Cuando os aquietéis, emitid otra respiración muy lenta y profunda y después repetid en el silencio de vuestra mente este antiguo mantra: So Ham.

- El mantra se repite con mucha calma y lentitud, durante más o menos 15 minutos; no es necesario nada más.

- Os ocurrirá seguramente que os distraigáis, que recordéis que estáis siguiendo pensamientos cualesquiera y que no recitáis el mantra. Volved a repetirlo, concentrando la atención sobre las dos únicas sílabas. Continuad durante 15 minutos.

La meditación es serenidad, simplicidad, pureza. Debemos permitir a la mente resbalar sobre las dos sílabas, libre y elástica, sin que se deba tratar ni solicitar ningún encuentro espectacular. No la tenséis en la expectativa de «algo» que debería ocurrir.

Al finalizar los quince minutos, os parecerá quizá que no ha pasado nada, pero en las profundidades de vuestro ser se está creando un espacio azul. Justo aquel espacio que generalmente está ahogado por pensamientos, preocupaciones, emociones.

En ese espacio azul puede tener lugar el diálogo con vosotros mismos y con vuestro ser angelical, con el ángel que vive en el alma de cada uno.

Para que la meditación dé sus frutos, es necesario practicarla cotidianamente. Intentad conseguir un espacio de quince minutos en el marco de vuestra jornada, os daréis cuenta muy pronto que será el tiempo mejor empleado...

Visualizar el ángel

Éste es un ejercicio muy importante, sobre todo la primera vez que se efectúa. En este caso, visualizar el propio ángel significa entrar efectivamente en contacto con él. Significa abrir de nuestra iniciativa aquella puerta detrás de la cual el ángel ha estado siempre exiliado.

En los planos sutiles, existen barreras tan sólidas como en los planos de lo físico. Un pensamiento negativo crea una pared en el plano astral, insuperable para las criaturas que aquí viven y trabajan. Viceversa, la apertura mental y la disponibilidad abren un camino que podrán recorrer para llegar hasta nosotros.

La visualización, en realidad es una técnica para hacer descender la sustancia de los planos superiores hacia los vehículos inferiores. Es una verdadera técnica de transmutación.

El ejercicio completo para la visualización del propio ángel hay que ejecutarlo en sus detalles sólo la primera vez, después será suficiente hacer volver a la mente su presencia y el ángel estará cerca de vosotros.

Recordemos, además, que el ángel es armonía y belleza, dispongámonos mentalmente en la mejor situación de serenidad física y mental.

Las indicaciones que siguen está extraídas de la enseñanza verbal, la que se aprende directamente en el curso de meditación por parte del instructor al alumno. Esto se hace porque las imágenes que se crean la primera vez se imprimen en la mente «virgen». En la visualización, la primera imagen que aparece es la más importante, la que será utilizada como referencia cada vez que se quiera volver a llamar al ángel en la mente.

En el momento en que leáis las líneas que siguen, hacedlo con la máxima serenidad y atención, pues vuestra primera lectura es ya una meditación.

Las imágenes se formarán en vuestra mente en el momento mismo en que leáis la palabra escrita. Esas imágenes son reales.

Si lográis visualizar durante la lectura, habréis obtenido el mismo resultado de la meditación. La Criatura que habréis visualizado a libro abierto será la que retorne, cada vez que la llaméis con vuestra mente.

Antes de leer lo que sigue, tranquilizad vuestro espíritu y preparaos exactamente como si debieseis meditar con los ojos cerrados.

- Sentados, cómodos y relajados.

- Emitid tres respiraciones lentas y profundas.

- Visualizad un gran cielo azul nocturno. Imaginad que estáis todos al aire libre en una espléndida noche estival. Estáis observando el cielo nocturno de un azul intenso, tachonado de estrellas. Todo en torno es serenidad y paz, envuelto por el color azul de la noche.

- Fijad vuestra atención observando las estrellas, miradlas, buscad con calma contando por lo menos siete. Parecerá que las estrellas huyan o desaparezcan de vuestra visión; no os preocupéis del resultado, no estáis compitiendo con el tiempo. Puede ser suficiente un minuto o diez, utilizad el tiempo necesario.

- Observad ahora atentamente una sola estrella. Aisladla de las otras y mirad cómo resplandece en el cielo nocturno. Lentamente, este punto luminoso se mueve. Atraviesa el cielo y baja hacia vosotros.

- Según se va acercando se vuelve cada vez más grande y luminosa. Su luz alumbra el cielo nocturno, se ha vuelto ahora como un gran meteoro luminoso.

- Continuad observando esta transformación. En el interior de esta luz se entrevé una figura. Observadla atentamente mientras se va dibujando su silueta: es vuestro ángel.

- Prestad mucha atención a esta criatura. Anotad mentalmente cada uno de sus detalles. Imprimidla bien en vuestra mente y en vuestro corazón. Éste es vuestro ángel.

- Sonreídle y caminad a su encuentro con las manos tendidas. Él vendrá hacia vosotros envolviéndoos completamente con su luz. Seréis todos uno con su luz.

- Entre vuestra realidad y la suya se ha establecido un contacto. Manteneos mentalmente en su luz, mientras que logréis visualizarlo podréis comunicaros con él, podréis hablarle. Antes que nada dadle las gracias por haber respondido a vuestra llamada.

- Pedidle ayuda y protección. Pedidle que se quede a vuestro lado y que vuelva cuando tengáis necesidad de él.

- Mantened este contacto vivo en vuestra mente, no será difícil. La sensación es tan agradable que dificilmente tenderéis a abandonarla.

- Manifestadle vuestro amor y vuestra gratitud. Usad las palabras como os surjan directamente del corazón. No busquéis un lenguaje sofisticado. Habladle como hablaríais a vuestra imagen reflejada en un espejo.

- Prometedle la asiduidad de vuestro pensamiento y la autenticidad de vuestro amor. El ángel es verdad y pureza además de energía.

- Saludadle con afecto y gratitud y dejadle volver a su cielo de luz, no lejos de vosotros. No estará nunca tan lejos como para no poder escuchar vuestra llamada e intervenir.

EL AMOR COMO ÚLTIMA META

¡Despertad!

El objetivo de la larga enseñanza por parte de las criaturas angélicas es el de conseguir en el hombre una profunda transformación interior. Este resultado, sin embargo, será muy lento, gradual. Muchos siglos han de transcurrir en la búsqueda de los individuos listos para su elevación. Y desde hace ya muchos siglos esta búsqueda se ha iniciado desde lo alto y poco a poco cada vez más seres humanos estarán elegidos e implicados.

La criatura angélica que llevó los mensajes a Hodson, narra las etapas del viaje del hombre: de la indiferencia hacia sus semejantes hasta el desarrollo de la llama interior, del amor hacia todas las criaturas que lo despierta, lo hace arder desde el interior, lo transforma hasta hacer de él una presencia divina que camina sobre la Tierra.

Es un mensaje de esperanza, es una exhortación perentoria: «¡Despertad!», grita el ángel y Hodson recoge fielmente sus palabras.

Es un párrafo extenso pero es de tal intensidad y belleza que sería una lástima no transcribirlo, sería privar a los lectores, hasta que el libro no esté publicado de la emoción que puede dar el conocer estas palabras. Leedlo y releedlo, dejad que la grandiosidad de este mensaje llegue a vuestro corazón:

«Vendrá un tiempo, en la larga serie de las muchas vidas del hombre, en el que el amor tomará el mando. Cuando el hombre se rinda a su poder, el amor inundará su ser, llenará su corazón, penetrará en los escondites de su alma. De ese modo, lleno de amor, iluminado, inundado, verá el dolor y el sufrimiento del mundo, oirá el grito de cada alma que sufre.

»Las lágrimas de dolor caerán sobre su corazón y arderán como gotas de llama líquida.

»El dolor de los pájaros, de los animales, de los peces del mar encontrará cabida en las puertas de su corazón. Sentirá sus agonías mientras se mueren masacrados por manos que no conocen amor.

»Viendo todo esto, sintiéndolo profundamente en su alma, se levantará para intentar salvarlos y descubrirá que es impotente, que no puede parar la mano de la crueldad, que no puede sanar las heridas abiertas.

»Descubrirá que no tiene ni el conocimiento ni la facultad de eliminar la agonía de los hombres y de los animales, agonía que lacera su corazón.

»Entonces, consciente de su propia impotencia decidirá obtener el Conocimiento y el Poder.

»De ese modo él buscará el sendero y, una vez encontrado, empezará a andar por él. Si alguna vez tuviera vacilaciones, el amor le conducirá. Si por debilidad se volviera atrás, el amor le parará los pasos.

«Si se perdiera a lo largo de los placenteros caminos transversales de la ilusión y de la intemperancia, el amor hará que vuelva atrás.

»Si con argumentos huecos y teorías sin vida, los filósofos le ordenaran pararse, si cerrara sus oídos a los gritos de dolor, el amor tocará su poderosa trompa, haciendo desaparecer las teorías y las filosofías, quemará en él con tal ardor que ya no podrá quedarse quieto.

»Si caminando se ilusionara con los sueños, el amor despertará su alma, despedezará sus sueños, pidiéndole acción.

»Si tuviera que tropezar, el amor le sostendrá. El amor le sonreirá a cada paso, ahondando cada vez más en su corazón.

»En el sendero, descubrirá pronto que al lado del amor andan Conocimiento y Poder. Tiende la mano para ayudar a sus semejantes y ve cómo se curan sus heridas.

»Lleno de esta nueva alegría sigue el viaje. Y el amor hablará a su corazón diciéndole "Conocimiento y Poder deben estar unidos dentro de ti, antes de que tu puedas sanar los dolores del mundo".

»Así, el amor le pone entre las manos el estandarte que debe llevar y escribe en el nombre de Dios.

»Los hombres lo ven mientras recorre el camino, le ven el estandarte entre las manos, pero al esforzarse por leer su nombre, ven solamente: "Poder-Conocimiento-Amor".

»No pueden leer el nombre de Dios, ven solamente la armadura, la espada y el escudo que Dios concede al hijo que va en viaje hacia Casa.

»Armado y equipado de esta manera, atraviesa el puente; encuentra la fuente del conocimiento, del poder y del amor, de ésos se sacia y reconoce que es un ser divino.

»Así, ahora que ha tomado conciencia, vuelve para sanar el mundo que ha dejado detrás de sí. No hay dolor que no responda a la magia de su toque y no hay sed que no pueda ser aliviada con su poder. No hay mal que su conciencia no pueda disipar, no hay forma de vida, por elevada o modesta que sea, en la que no se pueda ver a sí mismo.

Sana por medio de la identificación. Elimina el dolor puesto que es el Ser del dolor, puesto que el dolor es el lado oscuro de la alegría.

Dejando el mundo de los hombres, se convierte en su redentor. éste es el premio; ésta es la meta. Para esto comenzó a recorrer el sendero.

»En el acto de la redención experimenta el máximo de alegría, la alegría del amor completamente manifestado.

»Vosotros, lectores, ¿no habéis sentido en vuestro corazón el dolor del mundo? ¿El grito de sus sufrimiento os ha dolido en vuestro corazón o al contrario, dormís aún?

»Podéis dormir aún un poco, pero vendrá el tiempo en que el amor os tomará de la mano y posará vuestros pies sobre el Sendero. Por esto he venido a hablar en nombre de vuestro angélico Ser, a intentar mostraros la Vía, a hablaros de su magnificencia, de la gloria todavía por revelar.»

No hay comentarios que podamos añadir a estas líneas. Si el amor hacia nuestro semejantes toca profundamente nuestro corazón, estamos en el camino justo. Si el deseo de llevar ayuda es fuerte dentro de nosotros, desde lo Alto lo han individualizado y predispondrán los caminos para que nuestros pasos no se pierdan en la selva de las ilusiones terrenas...

Éste es el último fin para el que hemos sido instruidos, para ponernos en disposición de dar el salto, de pasar del estado de humanidad «en sueño» al de humanidad «en camino».

LOS ÁNGELES DE LOS LUGARES ELEVADOS

Las montañas sagradas

En toda época, las cimas de las montañas han sido veneradas por los seres humanos, como sede de la divinidad. En su mirada hacia el cielo, el hombre veía en los lugares más elevados la presencia de lo divino. Cuanto más alto e inaccesible es el lugar, más grande es la divinidad que en él reside.

En la India, el Himalaya era una divinidad Himlavat, y de sus cabellos descendía la diosa Ganga, el sagrado río Ganges. Y también era sagrado el Monte Meru, en el Tibet, definido como la «espina dorsal del mundo».

Los pueblos del norte de Europa miraban hacia el polo norte, donde se habían refugiado los dioses de la antigua Hiperbórea y adonde habían huido los dioses de Thule, siguiendo el oscurecimiento del sol.

Los británicos dirigían sus miradas hacia las colinas de Avalon, rodeadas de nieblas perennes. Allí arriba reposaban para siempre los héroes de las grandes sagas. Ninguno entre sus dioses y héroes había muerto nunca; alguno herido, otro enfermo, otro sumergido en un largo sueño, todos estaban presentes. Se han convertido en los «Vigilantes» que siguen el destino de su pueblo, dispuestos a volver un día u otro...

Sobre la cima del Monte Olimpo, en Grecia, escondido a los mortales por una cortina de nubes, los dioses preparan sus mesas, organizan banquetes, sus juegos de amor y de guerra en los cuales, a veces, están envueltos los destinos de los mortales.

Cuando Dios debe manifestarse a Moisés, lo llama sobre la cima de la montaña más alta y lo entretiene en un diálogo que durará cuarenta días terrenos, pues el tiempo de Dios no es el tiempo de los hombres.

Todavía hoy, sobre las cimas de las montañas, especialmente sobre las más inaccesibles, desafiando casi la naturaleza, a los hombres les gusta colocar las efigies de sus divinidades: el Cristo del Corcovado en Río de Janeiro, por citar un ejemplo de empresa ardua. Pero sin ir tan lejos, bastará que miremos a nuestro alrededor para ver sobre las montañas cruces o estatuas.

En el momento en el que escribo, me encuentro en un pueblecito del Valle de Susa, rodeada de relieves montañosos de todas las alturas, desde los 800 a los 4.000 metros.

Alrededor, sobre las cumbres de las montañas, en un radio de sólo treinta kilómetros, puedo observar una gran Virgen de bronce sobre la cima del Rocciamelone. Un poco más a la derecha, una pequeña iglesia sobre una altura, recuerda la aparición de la Virgen de la Losa. Poco distante, sobre el «collado» de Meana hay un Redentor que mira hacia el fondo del valle, con los brazos abiertos.

En la entrada del valle, sobre el mítico Musiné,

lugar de apariciones y de presuntos extraterrestres, hay una enorme cruz en recuerdo de la que se apareció a Constantino en el año 313 d. C. (aunque muchos no estén de acuerdo sobre el lugar en el que ocurrió la aparición).

Frente al Musiné, sobre una aguja rocosa en picado, se eleva la «Sacra di San Michele», del cual hablaremos más tarde. Un poco más abajo y escondido respecto a las precedentes construcciones, sobre la colina morenica de Rivoli, está el santuario de la Virgen de la Estrella, en recuerdo de una extrañísima aparición que, a decir de los estudiosos, parece entrar en la casuística Ovnis.

Volviendo la mirada 360 grados, sobre cada relieve hay un testimonio sagrado.

Esto no significa que el Valle de Susa sea particularmente religioso, la misma cosa se repite en todos los valles italianos. Por lo demás, no es esto solamente una característica exclusivamente católica, puesto que en todos los valles, en todos los lugares del mundo habitado, la situación es la misma, sea la que sea la religión dominante.

Los lugares altos elevan, por semejanza, nuestros pensamientos hacia lo alto, hacia una divinidad que, desde aquel punto, no parece tan lejana...

Una vez más la sensibilidad innata del hombre lo ha llevado a percibir una gran verdad.

Los Devas del Lugar

En las páginas precedentes nos habíamos referido al «Deva del lugar», esto es, al ángel que custodia una determinada localidad geográfica. En efecto, el Deva elige como propia «sede» el lugar más elevado. Si custodia un valle, buscará el punto desde el que, con un solo golpe de vista, podrá dominar todo su territorio, por tanto, la colina más alta o un promontorio rocoso o la cima de una montaña.

En todas las épocas ha habido entre los hombres individuos dotados de la llamada «segunda vista», es decir, la clarividencia. Éstos, poseyendo la visión interior, podían percibir cosas que a los otros les eran negadas, como por ejemplo la presencia de criaturas angélicas en unos determinados lugares más que en otros. Ésta es la causa por la que han nacido tantas leyendas y también tantos santuarios y capillas votivas sobre las montañas.

Hemos utilizado pocas líneas antes, un término impropio hablando del ángel, hemos hablado del «golpe de vista».

Es la misma cosa que cuando se dice, por ejemplo, «las manos de Dios».

Dios no tiene «manos», como los hombres, sus manos son la inmensidad misma que nos rodea. Dios no tiene cuerpo, Dios «Es».

Lo mismo podemos decir de los ángeles. No tienen «ojos», sino los de la visión metafísica y su «golpe de vista» sobre el territorio abraza contemporáneamente y sin esfuerzo todos los paisajes sometidos a su dominio, con todos los hombres, sus casas y sus cosas. Pero con el mismo golpe de vista percibe la vibración de cada una de las células de los minerales que duermen en el corazón de la tierra, el palpitar de la vida de todos los peces en todos los ríos, el temblar de las hojas de todos los árboles del valle, los pensamientos de todos los humanos y de todos los animales, desde la hormiga hasta el gran ciervo...

Al ángel que custodia un valle, están sujetos los millones de ángeles que custodian cada uno de los seres que lo pueblan.

Entre estos Seres el intercambio de informaciones es instantáneo, pues son vibraciones que pasan en una dimensión infinitamente más sutil que la del pensamiento humano, tan vasto y pesado en comparación...

Antiguamente por tanto, el hombre percibía la presencia de sus dioses en las cimas de las montañas. Con la cristianización siguió percibiéndolos, pero sus nombres cambiaron. La elección se había reducido en mucho...

Hemos seguido las varias peripecias a propósito de los nombres de los ángeles. Después de haberlo pensado mucho, de muchísimas criaturas de las cuales la Iglesia acepta la existencia, sólo tres tienen nombre...

Por lo tanto, cada vez que algo angelical, suave, luminoso se manifiesta a los ojos de los hombres, no hay mucho donde elegir...

Si el ángel trae una noticia o un mensaje es Gabriel. Si nos trae el don de la protección contra las fuerzas oscuras, es seguramente Miguel.

Rafael, el que sana, se manifiesta muy poco, pero los humanos muy interesados en el don de la salud del que él es portador, le dedican con mucho gusto hospitales. Raramente los humanos saben ser del todo desinteresados

Quisiera ofrecer a la atención del lector algunos puntos muy particulares en los que la angelicalidad se ha manifestado a los humanos, expresando en algunos casos su precisa voluntad o interviniendo en los acontecimientos.

Se trata de lugares destinados al culto desde épocas prehistóricas, justamente debido al hecho de que los humanos han percibido siempre la presencia de un algo trascendente. Lugares aún hoy fuertemente cargados de fuerza magnética que parece emanar de la tierra misma.

Casi siempre estos lugares se encuentran sobre la cima de montañas o bastiones rocosos de cuarzo o granito.[1] Probablemente la vibración misma de estos minerales, su estructura molecular está en condiciones de amplificar y emitir en el ambiente circundante la carga magnética que es irradiada por la presencia angélica.

---

1. Sobre los poderes del cuarzo ver también: Giuditta Denbech, *I Cristalli. L'intelligenza nascosta*. L'Ariete, 1990. (Traducción española: *El Gran Libro de los cristales*, Ed. Obelisco, Barcelona 1996.)

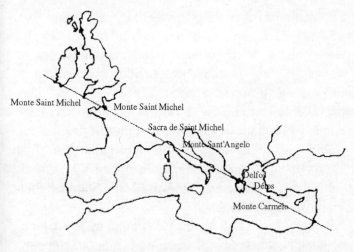

La misteriosa línea que une los lugares arcanos en los cuales se manifiesta, en los siglos, la presencia angélica a la que el hombre ha dado el nombre de «Miguel»

Monte Saint-Michel

Ciertamente, en el mundo habrá centenares de lugares como éste, pero quisiera señalarlo a los lectores como el ejemplo de una larga cohabitación entre el ángel de un lugar y los habitantes de aquel mismo lugar, que sentían perfectamente su presencia. Ahora, distraídos por sus ocupaciones comerciales, ya se han acostumbrado, pero los más atentos entre aquellos que llegan hasta arriba, lo perciben todavía...

En los confines entre Normandía y Bretaña, en un paisaje increíblemente llano, carente de relieves en cuanto alcanza la vista, se eleva del mar una perfecta pirámide natural de cuarcita blanca y granito. Singular la forma, insólita la colocación.

En la marea baja, la isleta se hace accesible por tierra. Antiguamente, las arenas movedizas hacían peligroso el recorrido. En nuestros días una raya delgada ha sido asfaltada y puede ser recorrida fácilmente, estableciendo la comunicación con la costa.

En horarios alternos, y según las estaciones, la marea sube, y el lugar se convierte en una fortaleza inexpugnable. Hoy está unida establemente a la tierra firme, pero en un futuro ciertamente no muy lejano el mar se retirará completamente y el Monte Saint Michel dejará de ser una isla.

Allí arriba, colgados entre el cielo, mar y tierra, desde los albores de la civilización, se practicaban cultos solares: desde los megalíticos de la prehistoria a los cultos mitraicos y a los célticos con el dios del fuego Belenos.

Más adelante se sobrepusieron los cultos de la romanidad, y por fin, desde el siglo v llegó el Cristianismo, y con él, el culto a Miguel.

Por lo tanto, durante milenios, el espíritu religioso del hombre percibió que algo imponderable emanaba de las tierras y de las aguas.

La sensibilidad ancestral le hacía advertir la presencia constante de la divinidad y, con nombres y modalidades diversas, lo empujó a tributarle su devoción por medio del culto.

El ángel de Francia, el mismo que inspiró a la heroica y desafortunada Juana de Arco, tomaba cuerpo allí arriba. Si todavía no se ha escapado, harto de los puestos de *souvenirs*, de los restaurantes y de la multitud aturdida, desperdigada y vociferante, ahí vuelve todavía...

También aquí arriba, como en la gruta del Gargano, en la capilla más antigua se respira poderosa la presencia de «algo» divino.

Quien logra apartarse en silencio y en soledad, la percibe a su lado. Acaso sea por este motivo que el Santuario se abre a los visitantes menos distraídos a la caída de la tarde, cuando la marea de los turistas «ordinarios» ya se ha retirado...

En todas las tradiciones místicas que han florecido en Europa, el Monte Saint Michel ha tenido un papel preponderante. Del simbolismo alquímico de las catedrales góticas al «Castillo del Grial», cuando esto era manifiesto sobre la Tierra.

Rica en simbolismos astrológicos y mágicos, acaso fue vanguardia de los secretos iniciáticos templarios y seguidamente de la escuela esotérica de los Rosa + Cruces.

Misterioso lugar de culto de la alquímica «Virgen negra», se encuentra, además, colocado en una línea recta que lo une a los grandes *alignements* de menhires megalíticos de la vecina Bretaña.

Una increíble línea transversal lo une a otros lugares igualmente mágicos, misteriosos y poblados de presencias: nuestra Sacra di San Michele, a las puertas de Turín, Monte San Michele en el Gargano, Delfos en Grecia, en la gruta en la cual recibía el famoso Oráculo, Delos, siempre en Grecia, con un templo al dios solar Apolo, y por fin con el santuario del Monte Carmelo en Israel, construido sobre las rocas del profeta Elías. Todos ellos lugares de una fortísima sugestión mística, lugares en los que lo sobrenatural se ha manifestado al hombre de muchas épocas...

La sacra di San Michele

No tiene un pasado tan intenso y blasonado como el Monte Saint Michel, pero está en la misma vibración mística. También desde el punto de vista arquitectónico hay muchas semejanzas.

Allí arriba no se encuentran las multitudes vociferantes de turistas en zapatillas y camiseta. La Sacra es un lugar recogido, fácilmente accesible, con un panorama sobrecogedor y, sin embargo, fuera de las grandes rutas turísticas.

No ha habido apariciones estrepitosas, pero el Arcángel ha dado claras señales de su presencia. El santuario surge sobre el monte Pirchiriano, en un peñón rocoso cortado a plomo.

Se encuentra en una posición privilegiada respecto al valle y a la cadena montañosa; sobresale hacia delante como si una divinidad conscientemente hubiera colocado en avanzadilla la «torre» sobre un tablero invisible para nosotros.

Alta y rocosa, la Sacra destaca sobre la desnuda roca con el cielo como fondo, justamente donde el mágico valle de Susa comienza, a las puertas de un igualmente mágico Turín.

Frente a este espigón rocoso, sobre la otra parte del valle, a unos centenares de metros, hay una montaña inquietante: el Musiné.[2]

Sede de inexplicables apariciones luminosas desde

---

2. Datos específicos sobre este singular relieve, se pueden encontrar en el libro *Il Musinè*, de Giuditta Dembech, L'Ariete, 1990.

la más remota prehistoria, el Musiné es la meta predilecta de los seguidores de Ovnis.

Se dice que en alguna parte, oculta a la vista de los curiosos, hay una base de extraterrestres, en el interior de una gruta...

Sobre el Musiné y sobre el monte que queda en frente, el Pirchiriano, se narran muchas leyendas. Hay huellas de cultos solares prehistóricos, dólmenes y menhires muy semejantes a los de las llanuras que rodean el Monte Saint Michel en Bretaña.

La Vía de las Galias pasaba justamente por una estrecha franja a los pies de las dos montañas, pero aún antes que los romanos, los celtas se estacionaron largamente en el valle, fundando ciudades como Abeillanum (Avigliana), antes de aposentarse en la llanura del Po, atravesar Taurasia (Turín) y fundar la lejana Mediolanum (Milán).

De hecho, está demostrado que la cima del Pirchiriano, una especie de nido de águilas contra el cielo, era ya un lugar de culto en aquellas épocas remotas. La primera capilla del actual santuario se construyó sobre los restos de un altar pagano.

Las piedras volantes

Una de las leyendas más antiguas narra que el diablo estaba acostumbrado a permanecer, durante el día, sobre la cima del monte Pirchiriano. En la noche, por el contrario, con un salto atravesaba el valle y dormía sobre el Caprasio, al lado del Musiné. Todo esto ocurría en la fantasía popular, en el tiempo de las leyendas, cuando el fondo del valle era un gran lago de origen glaciar.

Acaso, para exorcizar todos estos relatos sobre el demonio, hacia el fin del primer milenio, San Giovanni Vincenzo decidió construir sobre el monte Caprasio una pequeña iglesia dedicada al Arcángel Miguel. La que ya existía no era más que una ruina.

Con gran fatiga se subieron a la cima los materiales para la construcción, pero, cuando todo estaba preparado para comenzar los trabajos, el material había desaparecido.

Era una señal difícil de interpretar; piedras y vigas fueron vueltas a traer. Desaparecieron otra vez.

La cosa se prolongó por una temporada hasta que un ángel sacó al santo fuera de la gruta donde residía y le indicó explícitamente el monte Pirchiriano. En ese mismo momento, Giovanni Vincenzo vio una legión de ángeles que transportaban piedras y leños de la otra parte del valle, justamente sobre la cima de la otra montaña.

Esta vez, cumplida la voluntad de los ángeles, se dio inicio a la construcción de la abadía, sobre las ruinas de una capilla preexistente sobre el promontorio rocoso del Pirchiriano.

Corría el año 966, la Sacra estaba terminada, era necesario consagrarla según los rituales de la Iglesia. Para la ocasión llegó de Turín el obispo Amizzone. Todo estaba preparado para la ceremonia que sería celebrada al día siguiente, pero...

Durante la noche nadie durmió en el valle. Globos y maderas de fuego surcaban el cielo iluminándolo como si fuera de día. Vista desde lejos, la Iglesia parecía envuelta por altas llamas, y muchos pensaron que había sido destruida.

Quienes se encontraban en las cercanías vieron, sin embargo, que aquel fuego no quemaba, era pura luz. Se dijo que el Arcángel mismo, con su Legiones había descendido del cielo para consagrar directamente el lugar, como había hecho algunos siglos antes en el Gargano.

Sobre la «noche de fuego» del Pirchiriano existen minuciosas crónicas recopiladas por los frailes.

El ángel reapareció tiempo después para recoger entre sus manos, salvandola de una muerte segura, a la bella Alda.

Perseguida por un loco que quería violarla, con el fin de no perder la propia virginidad, la muchacha se lanzó al vacío desde lo alto del edificio.

Recogida y llevada a salvo por las manos celestiales, a Alda se le subieron los humos a la cabeza. Comenzó a vanagloriarse de ser la predilecta del ángel, de haberse convertido en invulnerable y para demostrarlo delante de una multitud allí reunida, se lanzó de nuevo. El ángel no intervino...

Todavía hoy, sobre la pared norte del coro viejo de la Sacra, se conserva el antiguo fresco que narra estos sucesos. Como en un retablo del pasado, ilustra ocho escenas diversas.

Un recorrido iniciático

Desde entonces no ha habido más intervenciones asombrosas, pero la presencia de una gran angelicalidad sobre aquel promontorio rocoso es una realidad casi tangible.

Desde la misma base de la titánica construcción, la vibración del lugar cambia.

Una larga rampa adoquinada lleva a rapidísimas y audaces escalinatas ancladas en la roca. Apenas comenzado este «recorrido iniciático» que conduce a la iglesia se da uno cuenta de haber entrado en el aura del ángel. Será lo imponente de la construcción, la majestad de los lugares, la fatiga física que obliga al silencio, si se quiere seguir subiendo, serán los numerosos carteles esparcidos aquí y allí con frases gentiles y arcanas, será lo que sea que aflore del granito, hasta los turistas más distraídos o alborotadores se tranquilizan. Se llega hasta el mismo santuario con el ánimo abierto.

Y los cantos gregorianos que el padre Rector difunde por altavoces estratégicamente escondidos, también hacen su papel en suavizar los corazones. El resto lo hace Miguel, que no ahorra por cierto su presencia...

Hay un punto especial en el interior de la iglesia, en la parte más antigua y recogida, en el que se percibe una presencia poderosa. Es en la pequeña capilla inferior, la que fue consagrada directamente por el ángel en la «noche de fuego». Es una experiencia que hay que pasar, casi imposible de relatar. Merece la pena un viaje... Personalmente, pienso que el árcángel que custodia el valle de Susa reside allí arriba desde siempre. Ningún otro lugar es más apto que aquel promontorio cortado.

Con un solo golpe de vista, observa el paisaje entero, desde el Moncenisio a Turín, vigilando sobre cosas y personas.

El valle ha cambiado mucho en los últimos años, canteras, cables eléctricos, túneles y recientemente una autopista, recta como una flecha, lo atraviesa, lamiendo las pendientes del monte Pirchiriano. Cada vez que paso por allí no puedo menos que alzar los ojos hacia la Sacra para saludar al ángel del valle.

No sé si será sugestión, o acaso simpatía, pero me parece verlo sentado arriba, ciñéndose las rodillas con los brazos...

Su vestido tiene los colores del cielo, de todos los árboles y flores del valle, que cambian con el sucederse de las estaciones. En el ocaso, su cara refleja los rayos del sol, y de noche los de la luna sobre los glaciares.

Me parece que ahora está más ocupado con esa autopista que casi discurre sobre sus pies. En su aura se reflejan las auras de todos los pasajeros que viajan a tanta velocidad...

Con la difusión de las informaciones esotéricas, cada vez hay más gente que sabe de su existencia, y pasando le envía una sonrisa, un pensamiento de fraternal simpatía. Y él responde, te da a cambio una corriente de energía, una vibración de amor que permanece largo tiempo en el aura de los humanos.

La visita del Papa

El 14 de julio de 1991 la Sacra de San Michele vivió un momento histórico: la visita del Papa.

Juan Pablo II, infatigable viajero, trepó arriba por la empinada cuesta adoquinada y después por trescientos escalones aún más empinados.

El momento culminante fue la bendición impartida al valle desde el punto más alto de la Sacra, una terracita cortada, tan suspendida en el vacío que parece que te asomas desde un avión. Éstas fueron sus palabras al consagrarla al ángel:

Por la intercesión del Arcángel San Miguel
haz descender copiosa tu bendición sobre este valle,
sobre sus ciudades y sus pueblos,
sobre los responsables del bien común, sobre la familia y la comunidad,
sobre las parroquias y las asociaciones,
sobre los niños y sobre los jóvenes,
sobre los enfermos y sobre los ancianos,
sobre los turistas y sobre los extranjeros,
a fin de que todos puedan crecer
en su dignidad de hombres e Hijos de Dios.

En este momento, el aura del Arcángel se habrá vuelto tan fulgurante como para oscurecer el Sol, tan intensa como para penetrar profundamente en el aura de todos los presentes, envolviéndolos con todas las criaturas del valle en la vibración de amor y devoción.

Probemos a mirar con otros ojos los lugares elevados cercanos a nosotros. Escuchémoslos en modo diverso, más con el corazón que con la vista. Busquemos en ellos la presencia del ángel. Será el ángel mismo quien se revele a nosotros, quien nos haga percibir su presencia.

Se le nota con un salto del corazón, con un ligero temblor. No sofoquéis esa sensación con la razón; los ángeles no hablan a nuestro cerebro ni a nuestro oídos físicos, su murmullo nace de la profundidad de nuestra alma...

Dos palabras sobre Delfos

Delfos merece probablemente una atención particular. Antiguamente era un lugar sagrado de primera importancia. Allí residía un Oráculo, consultado por los reyes de la época. De sus respuestas dependía la decisión de provocar una guerra o no.

El lugar estaba poblado por grandes Devas que, de cuando en cuando, se aparecían a los mortales. La más conocida fue ciertamente la ninfa Castalia, diosa de la fuente.

El Oráculo pronunciaba su respuesta en el Adyton, el *sancta sanctorum* del templo dedicado al dios Apolo, divinidad solar como «nuestro» Miguel.

Probablemente estas revelaciones del futuro ocurrían por un contacto directo entre un individuo predispuesto, el oráculo preparado y la angelicalidad que entonces se manifestaba susurrándoles la respuesta en un idioma sólo comprensible para el oráculo.

En el Adyton, que era el lugar más sagrado de Delfos se encontraba el Omphalos, una enorme piedra blanca esculpida con motivos anudados, hoy colocada en otro sitio.

La piedra tenía un menester mágico, representaba el ombligo del mundo, el centro al cual todas las energías llegan y desde el cual se reparten por otros mil caminos.

Para los antiguos griegos, Delfos era efectivamente el centro mágico del mundo hasta entonces conocido. Los reyes llevaban allí como donativos estatuas, construían templos, dejaban tesoros de arte o de oro.

A este respecto hay un breve, interesantísimo pasaje en el libro de los Givaudan: *Racconti di un viaggiatore astrale*.[2]

«El Omphalos indicaba uno de los centros sagrados de la Tierra, uno de los lugares especiales en el que los iniciados sienten batir el pulso del planeta.

»Para los griegos, Delfos era el centro del mundo, antes que el centro geográfico de su patria. Si a los ojos de los hombres de hoy, este lugar ha perdido sus méritos aún mantiene su importancia: Delfos es un centro magnético. Allí se han reunido más que en ningún otro lugar los Espíritus de la Naturaleza y es más que nada un lugar en donde el hombre está más cerca de la tierra debido ciertas particularidades físicas.»

Delfos, en nuestro días, está inscrito en todos los programas turísticos de la Grecia clásica. Menos concurrida y colapsada que el Monte Saint Michel, es generalmente meta de millares de visitantes. Pocos tienen conocimiento de la cara oculta de este lugar y, sin embargo, al partir, también los turistas más distraídos sienten dentro de sí una gran paz, un apaciguamiento de las tensiones internas. Es el efecto provocado por el aura de los muchos Devas, todavía presentes y vivos, que custodian este lugar extraordinario.

---

2. Ed. Amrita, 1989, pág. 138.

ORACIONES A LOS ÁNGELES

Oraciones «Laicas»

Para concluir, he querido reagrupar una serie de oraciones provenientes de fuentes diversas. La mayor parte, por lo general, procede de los libros de Hodson que, como ya hemos visto, tenía mucha familiaridad con los ángeles. Elegid aquella que más se acomode a vuestro modo de ser, repetidla y, si es posible, fotocopiadla y divul-gadla. Os haréis así colaboradores activos en la construcción del famoso puente entre nosotros y Ellos.

Pero tengo casi la certeza de que, si habéis llegado hasta las últimas páginas de este libro sin arrojarlo a las ortigas, esto significa que, desde hace ya mucho tiempo, estáis trabajando en la construcción de aquel famoso puente, mucho más de lo que vuestra memoria logre recordar.

269

A LOS ÁNGELES SANADORES

¡Os saludo, Devas de la sanación!
Venid en nuestra ayuda.
Verted vuestra energía curativa
sobre este hermano nuestro.
Colmad cada célula de fuerza vital.
Dad a cada nervio la paz.
Aplacad los sentidos torturados.
La onda de vida que sube
lleve calor a cada fibra
mientras el cuerpo y el ánima son restaurados
por vuestro poder sanador.
Dejad que un ángel vele,
que conforte y proteja
hasta que la salud retorne.
Un ángel que rechace todo mal
y acelere el retorno de la fuerza
o acompañe a la Paz si la Vida se ha acabado.
¡Os saludo, Devas de la sanación!
Venid en nuestro ayuda
Compartid con nosotros las fatigas de la Tierra
para que Dios se despierte por medio del hombre

La Gloria de los Coros Celestiales con multitudes de ángeles

A LOS ÁNGELES DE LA NATURALEZA

¡Os saludo, Devas de la Tierra y del cielo!
Venid en nuestra ayuda.
Dad la fertilidad a nuestros campos,
desatad la vida en todas nuestras semillas,
que nuestra tierra pueda ser fecunda.
¡Os saludo, Devas de la tierra y del cielo!
Venid en nuestra ayuda.
Compartid con nosotros las fatigas de la Tierra
y que la divinidad interior sea liberada

A LOS ÁNGELES CONSTRUCTORES
(Oración para las mujeres embarazadas)

¡Os saludo, legiones de Devas constructores!
Venid en nuestra ayuda.
Custodiad a esta criatura que nace
en el mundo de los hombres.
Dad fuerzas a la madre,
enviad vuestros ángeles benévolos
que asistan al nacimiento
y anuncian el alba de la nueva vida.
Llevad al hijo que nace
la bendición del Señor.
¡Os saludo, legiones de Devas constructores!
Venid en nuestra ayuda.
Guiad al niño que nace
al mundo de los hombres
para que su divinidad interior sea liberada.

A LOS ÁNGELES CONSOLADORES

Es una invocación particularísima para ser dirigida mentalmente hacia los lugares de guerra o en los que hayan ocurrido estragos, torturas, actos de terrorismo, matanzas realizados por el hombre o por las fuerzas de la naturaleza, graves incidentes con muchas víctimas.

Fue compuesta para el Ghetto de Varsovia. Todavía hoy se copia en tiras de papel que enrolladas son depositadas donde sea posible, entre las piedras, en las fisuras de los muros y en los muchos sitios de sufrimiento sobre la Tierra.

Si se acompaña con pensamientos compasivos, posee un gran poder evocador. Solicita la intervención del Deva Consolador. Es la primera vez que su publicación es autorizada, pues ya es tiempo de que difundamos esta costumbre reparadora.

Como pétalos de rosas en un desierto de sal,
amor, compasión, dulzura,
pensamientos comprensivos
desciendan a estos lugares.

Que los cielos se abran
y ángeles misericordiosos hagan descender
miel y ambrosía para curar las heridas:
a través del tiempo y el espacio.

De los reinos oscuros
de donde locura y terror han surgido

locura y terror retornen
y que la Nada los trague.

Que la Luz envuelva con su rayo
toda vida truncada, y compense
cada gota de sangre,
y cada lágrima.

Que la nueva vida sea fácil
y el karma positivo.
Devas consoladores lleven a quien queda
resignación y fortaleza.

y que el Hombre comprenda
y la Tierra no olvide...

A NUESTRO ÁNGEL CUSTODIO

*Ángel mío protector
dame la fuerza de realizar
los propósitos de crecimiento interior
de colaboración y de servicio.
Mi voluntad es pura,
potenciala con tu fuerza.
Ayúdame en las cosas cotidianas,
en las materiales y espirituales.
Desarrolla en mí tus dotes,
que yo vea mis defectos,
y que posea compasión y paciencia.
Guía mis pensamientos, los deseos, las acciones
hacia aquello que es más justo
para mi crecimiento espiritual,
y dame la capacidad de aceptar
lo que yo no logro comprender.*

AL ÁNGEL DE GRUPO

Es una oración para recitar cuando hay un grupo que se ha confiado a la la protección de un ángel. Hay que recitarla cada vez que el grupo se reúne. Al final, antes de que cada uno se aleje para tomar su propio camino, se recitará la fórmula siguiente:

Ángel nuestro, protector y aliado,
recoge y transforma nuestros pensamientos de amor.
Abre las puertas entre tu mundo de luz
y nuestro mundo de niebla.
Guía nuestros pasos sobre el puente que nos une
y que el puente sea ancho y seguro.
Acerca a nosotros tus Hermanos
para que escuchen nuestra llamada.
Aleja las nieblas de la materia
para que vea nuestro intento de amor
y nuestro corazón puro.
Dejad abiertas las puertas para que invocándoos
podamos sentiros cerca.
Con vuestra ayuda
nos sea dado proteger, consolar, curar.
Nos sea dado ayudar a quien sufre
en el cuerpo y en el espíritu.
Vuestra guía extienda nuestros conocimientos
pues conocer es servir.

ORACIÓN DE CLAUSURA

Te saludo, ángel nuestro,
protector y aliado.
Te saludo, Señor del Lugar,
y a vosotros, ángeles y Devas
Que habéis estado cerca.
Vuestra potencia acompañe nuestro intento
y lo deposite ante el trono del Inmenso
donde la luz asciende en remolinos llameantes.
Que nuestra llamada sea aceptada y descienda
del Espíritu a la materia
según nuestro karma.
Volved a correr el velo
y que el Plano se cumpla.

BENDICIONES PARA LA TIERRA

Esta oración hay que recitarla dando un giro completo y elevando las manos juntas hacia los cuatro puntos cardinales, motivo por el cual entre un punto y otro será necesaria una breve pausa para ejecutar el movimiento.

Es una oración muy intensa que atrae y sensibiliza a los Devas, los cuales dejan una gran vibración de serenidad en el lugar en el cual se ha recitado.

Muy sugestiva, está cargada de gran fuerza si se recita en grupo al aire libre, inmersos en la belleza de la naturaleza.

Paz al Norte,
al Sur,
al Oeste,
al Este.
Paz a través de los cuatro elementos
y al éter cósmico que todo contiene.
Haya paz y amor para todas las criaturas
visibles e invisibles.
Por medio de sus reinos
y de sus elementos.
Paz a sus Ángeles
y a sus Devas.
Paz a nosotros que con ellos
compartimos el camino.

ORACIONES LITÚRGICAS

Las siguientes oraciones se han recopilado de Misales en uso en la Iglesia Católica y pertenecen a varias liturgias canónicas.

AL ÁNGEL CUSTODIO

«Oh Dios, que en tu misteriosa Providencia mandas del cielo a tus ángeles para nuestra custodia y protección, haz que en el camino de nuestra vida podamos ser sustentados con su ayuda y alcanzar con ellos la eterna felicidad. Por Cristo nuestro Señor.»
(Liturgia de los ángeles Custodios)

PARA LA PROTECCIÓN PERSONAL

«Oh Dios, que llamas a los ángeles y a los hombres a cooperar en tu diseño de salvación, concédenos a nosotros, peregrinos sobre esta Tierra, la protección de su espíritus Beatos, que en el cielo están delante de Ti para servirte y que contemplan la gloria de Tu faz. Por Cristo nuestro Señor.»
(Liturgia de San Miguel)

AL ÁNGEL DE LA GLORIA

«Nosotros proclamamos, Señor, tu gloria que resplandece en los ángeles y en los Arcángeles; honrando a estos mensajeros tuyos, exaltamos tu infinita bondad; en los Espíritus Beatos Tú nos revelas cuán grande eres y amable, más allá de cualquier criatura, por Cristo nuestro Señor.»

(Prefacio de los ángeles)

ORACIÓN PARA QUIEN VIAJA

«Oh Dios, que has permitido a los hijos de Israel atravesar el mar con los pies secos... concédenos un camino favorable y un tiempo sereno y tranquilo, de modo que, acompañados por tu santo ángel, podamos llegar a la meta a la que nos dirigimos y, al final, al puerto de la eterna salvación. Por Cristo nuestro Señor.»

(Liturgia del itinerario)

AL ÁNGEL DE LA CASA

«Visita, Señor, nuestra casa y aleja de nosotros toda insidia del enemigo infernal; tus ángeles santos nos custodien en la paz y tu bendición siempre esté sobre nosotros. Por Cristo nuestro Señor.»

(Liturgia de Completas)

A LOS TRES ARCÁNGELES

Venga del Cielo a nuestras casas
el ángel de la paz, Miguel, venga
portador de serena paz y relegue al infierno
las guerras, fuentes de tantas lágrimas.

Venga Gabriel, el ángel de la fuerza,
eche a los antiguos enemigos y visite los templos
queridos al Cielo, que él, triunfador,
ha hecho elevar sobre la Tierra.

Nos asista Rafael, el ángel que cuida
la salud; venga a curar a todos nuestros enfermos
y a dirigir nuestros inciertos pasos
por los senderos de la vida.
                    (*Liturgia de los ángeles Custodios*)

PARA LA PROTECCIÓN CONTRA
LAS FUERZAS OSCURAS

Es una oración medieval sacada del libro de Francesco Berra *L'Angelo del Signore*. No tiene la tremenda potencia del exorcismo del papa León XIII, sin embargo, es un arma eficaz de protección que hay que recitar para aumentar la serenidad y la confianza en uno mismo.

«Señor, manda todos los santos ángeles y Arcángeles. Manda el santo Arcángel Miguel, el santo Gabriel, el santo Rafael para que estén presentes y defiendan y protejan a este siervo tuyo; Tú que lo plasmaste, al que diste un alma y por el cual te dignaste derramar tu sangre.

Lo protejan, lo iluminen cuando esté despierto; cuando duerma lo dejen tranquilo y seguro contra toda manifestación diabólica, de modo que ningún ser que tenga poder maligno pueda jamás entrar en él.

Que no se atrevan a ofender o herir su alma, su cuerpo, su espíritu o aterrorizarle o solicitarlo con la tentación.

ORACIONES ESPECIALES

Siempre del libro de Francesco, citamos textualmente algunas oraciones, explícitamente dirigidas a los ángeles Protectores de algunos oficios. Ignoraba completamente que los banqueros, como los paracaídistas, las fuerzas del orden y los radiólogos tuviesen como protector al Arcángel Miguel. Valga lo dicho anteriormente sobre la frenética actividad de este ángel. Lo importante es invocar su ayuda, la respuesta llegará.

PARA LAS FUERZAS DEL ORDEN

Oh sumo Caudillo de las Milicias Angélicas, San Miguel Arcángel, nosotros te invocamos como nuestro protector. Como Tú reconoces que toda tu autoridad es de Dios Omnipotente, así con tu ayuda nosotros queremos que todo nuestro servicio se cumpla como suprema alabanza de la Justicia y del Amor de Dios, en la caridad del prójimo y en la fidelidad a la Patria.

Para el honor de nuestro nombre, te rezamos además humildemente, oh nuestro amable Protector, para que custodies en nuestra conciencia aquel orden y aquella paz de Cristo que son el presupuesto del orden y de la paz que tenemos la noble misión de tutelar. Amén.

PARA LOS BANQUEROS

Oh sabio San Miguel Arcángel, que sujetas en tu mano la balanza de la divina justicia, haz que en nuestra cotidiana preocupación de custodiar, administrar y distribuir el dinero de otros, Tu protección nos guíe siempre a valorar cada cosa con honestidad, justicia y caridad.

Alcánzanos de Dios, te lo suplicamos, que nuestra cuenta personal se cierre cada día, y siempre, con la verdadera e insuperable ganancia que es la paz del corazón en Jesús Señor nuestro. Amén.

PARA LOS RADIÓLOGOS

Oh San Miguel Arcángel, que sois el más antiguo contemplador de la luz eterna que es invisible a nuestros ojos, mándanos un rayo de ella a nuestro corazón.

Así, iluminados por la Verdad, y purificados por el Amor, nos acercaremos más dignamente a nuestros aparatos liberadores de imponderables energías, adorando la sabiduría de Dios.

Oh luminoso Protector nuestro, que conoces a qué precioso remedio y a qué sutil peligro nos acercamos diariamente, haz que del misterio de las radiaciones emane para nosotros luz de vida y nunca tinieblas de muerte; y que la liberación de los males corporales nos induzca a adorar la bondad infinita de Dios y de nuestro Señor Jesús Cristo. Amén.

PARA LOS PARACAÍDISTAS

Eterno e inmenso Dios que creaste los eternos espacios y mediste sus desmesuradas profundidades, mira, benigno, a nosotros los paracaidistas que, en el cumplimiento del deber, saltando de nuestros aparatos nos lanzamos en la inmensidad de los cielos.

Manda al Arcángel San Miguel como nuestro custodio y protege nuestro intrépido vuelo. Como niebla al sol, nuestros enemigos se disipen frente a nosotros.

Cándida como la seda del paracaídas sea siempre nuestra fe e indómito nuestro coraje.

Bendice, Señor, nuestra Patria, las familias, nuestros seres queridos; para ellos en el alba y en el ocaso sea siempre nuestra vida, y para nosotros, oh Señor, Tu glorificada sonrisa. Así sea.

La visión de Jacob, una escalera de ángeles que une la Tierra
hasta el Trono de Dios (Génesis XXVIII - 6, 16).

ELENCO DE LOS ÁNGELES CUSTODIOS

La Tradición Rabínica

Al contrario de la tradición cristiana, la cábala hebraica dedica muchísimo espacio a la búsqueda de los nombres sagrados de los ángeles.

Ha habido, desde la más lejana antigüedad, enteras generaciones de sabios rabinos que han dedicado su tiempo a este tipo de estudio en el interior de la tradición cabalística.

En nuestra época, la palabra «Cábala» ha perdido todo su significado misterioso. Para muchísimas personas el estudio de la Cábala está relacionado con el estudio de la numerología.

La Cábala es también numerología, pero es, sobre todo, el estudio del lado escondido de las cosas, de la simbología y las correspondencias entre las cosas terrestres y las celestes.

La palabra Cábala o Qabalah viene de «conocimiento» o «revelación» y tiene un significado profundo y venerable al igual que todas las Sagradas Escrituras.

Han sido necesario siglos de silencioso recogimiento

para extrapolar de la Torah, los rollos de los textos sagrados, nombres y funciones de los ángeles tutelares.

Los estudiosos de las ciencias rabínicas han confrontado e interpolado entre ellos las palabras sagradas para extraer de ellas «el Nombre» secreto, el inefable e impronunciable nombre que hubiera puesto al común mortal en contacto con la angelicalidad.

Y con la vacilación debida al profundo respeto hacia todo lo sagrado me dispongo a transcribir los setenta y dos nombres de los ángeles cabalísticos.

He estado muy tentada de no hacer nada, de no divulgar una enseñanza que por milenios ha estado oculta. Si por tanto tiempo se ha callado sobre estas cuestiones, habrá habido, en verdad, un buen motivo.

Después he pensado en la gran alegría que me ha dado el conocer el nombre del ángel que dominaba sobre el planeta el día de mi nacimiento, con qué avidez había leído las pocas líneas que se le referían, reconociendo en él algunas características que me son propias.

He pensado que la misma alegría podría ser alcanzada por las personas que lean estas páginas, por la ayuda que de ello podrán obtener si actúan con corazón puro.

Y, por lo tanto, con absoluto espíritu de servicio, divulgo este elenco de nombres. Durante siglos han sido transmitidos solamente en el restringido grupo de los estudiosos del cabalismo más puro.

Los nombres provienen del «Zohar» y del «Shemot» o libros de los nombres. Las diversas ediciones difieren levemente la una de la otra, pues existe una diferencia de cinco días como veremos.

Según el Zohar, setenta y dos ángeles rodean el Trono de Dios. Ruedan perennemente alrededor de una elipse que corresponde al conjunto de las constelaciones del Zodíaco.

A costa de hacer excesivas repeticiones, recordamos a los lectores que por cada ángel de Luz existe un ángel oscuro del mismo orden y grado.

Existe, por tanto, otra lista de 72 nombres no precisamente angélicos, portadores de 72 atributos de sufrimiento y discordia. Pero, por propia elección, no he querido referir ninguno de estos nombres o de estas jerarquías.

Volvamos a nuestros ángeles de luz. Cada uno de ellos, contrasignado con un número del 1 al 71, domina por cinco días, ocupando así cinco grados del arco en el zodíaco celeste. Para facilitar los cálculos, visto que los grados son 360 y los días 365 (esto es 72 x 5 = 360), hemos hecho una excepción para el ángel n.º 72.

Esta criatura, de nombre Mumiah, domina durante un período delicadísimo de transición entre Piscis y Aries, esto es, entre la oscuridad del fin del invierno y la luz del equinoccio de primavera. Solamente él domina por diez días.

En otras ediciones, por el contrario, se está obligado a hacer cálculos muy complicados pues se añaden cinco horas para cada uno de los cinco días del dominio del ángel.

He preferido exponer la tabla más simple, la que no dé ningún problema al lector.

Las pocas indicaciones disponibles dicen que los nombres se forman por tres versículos misteriosos del capítulo 14 del *Éxodo*, uno de los cinco libros de Moisés.

Cada versículo está formado por 72 letras. El nombre de cada ángel está formado a su vez por tres letras (HIA, AEL, EL o IEL, que son nombres divinos atribuidos a diversas legiones de ángeles.

La aviación civil israelí, por ejemplo, ha elegido como nombre, para su compañía de bandera, «EL AL». Solamente los «entendidos» saben que su significado es poco más o menos «Las alas del ángel». Todos tenemos necesidad de protección.

Según la tradición, los nombres de los ángeles que habitan las moradas de Oriente y de Occidente terminan por EL, IEL, IAEL, mientras que aquellos que residen en las mansiones del norte y del sur terminan por IAH y AEL.

Según el Zohar, la escala que Jacob vio en sueños, estaba formada por 72 escalones, cuya máxima altura puesta sobre los rayos del sol y de la luna, se perdía en las mansiones celestes.

Por medio de esta escalera mística, una multitud de ángeles (la influencia de Dios) descendían y se comunicaban con todos las órdenes de Jerarquía Celestes y con todas las criaturas del cosmos.

Este número desarrolla un papel importante en las tradiciones. Los 72 ángeles presiden los 72 quinarios del cielo, esto es, las subdivisiones del círculo zodiacal en sectores de cinco grados cada uno (5 x 72 = 360).

Jesucristo habría elegido, además de los 12 apóstoles, 72 discípulos. También los ancianos de la Sinagoga eran 72.

El don del ángel

Por medio de estas indicaciones, los antiguos cabalistas han elaborado los 72 nombres de los ángeles.[1]

Cada ángel lleva consigo un «atributo divino», una especie de himno que canta incesantemente y con el cual testimonia la grandeza divina.

Cada uno de los atributos divinos que el ángel repite perennemente como un mantra, es también el «don» que él trae a su protegido.

Por ejemplo, el ángel n.º 9 , Haziel, tiene como atributo «Dios misericordioso». Esto es el himno que Haziel canta delante del Trono del Dios, y como regalo a sus protegidos trae misericordia, amistad y cumplimiento de las promesas.

Resumiendo, pues, aprendamos que existen nueve coros de ángeles, formados cada uno por ocho jerarquías. Por tanto, un total de 72 ángeles sirvientes, que la Divinidad ha predispuesto con la explícita obligación de instruir y custodiar a los hombres.

---

1. Jean Marques Rivière *Amuletes, Talismans et Pantacles*, Ed. Payot, París 1972.

Cada uno de estos espíritus sirvientes ocupa cinco grados del zodíaco, esto es, «domina» durante cinco días al año, cediendo después el paso al ángel que le sucede.

Pero debemos tener presente que el año celeste comienza no el 1 de enero como el año solar, sino en la medianoche del 21 de marzo.

Todas las cosas comienzan en la media noche, cuando el día «viejo» se acaba y surge el siguiente. Dondequiera que nosotros nos encontremos, la influencia del nuevo día comienza a hacerse sentir a partir de la hora cero. Y al mismo tiempo, el dominio de los ángeles planetarios.

Con la siguiente tabla, será, pues, facilísimo para cada uno encontrar el nombre y las funciones de su propio ángel dominante. Atención, no se trata del ángel custodio personal; para conocer su nombre deberemos esperar a que nos lo sugiera acaso en el sueño, acaso en el silencio de la meditación.

Los ángeles de la tabla que sigue son los que dominan sobre la Tierra en el espacio de cinco días. Como tales, son portadores de protección, energía, oportunidades y dones para todos los seres que nacen en el período bajo su dominio.

Como veréis, se trata, por lo demás, de dones espirituales, pero ya sabemos bien que espíritu y materia están muy conectados.

Con mucha frecuencia, será la voluntad humana, con sus excesos, la que transforme el don de un ángel en un defecto o en un exceso que soportaremos toda la vida.

ÁNGELES, DÍAS Y DONES CELESTES

1 - Del 20 al 24 marzo - Eʜʏɪᴀʜ - Dios Elevado
Da iluminación espiritual, una voluntad poderosa para crear y para transformar. Rapidez en los razonamientos, lucidez en la introspección. Buena salud y capacidad para sanar enfermos.

2 - Del 25 al 29 marzo - Jᴇʟɪᴇʟ - Dios caritativo
Espíritu caritativo, carácter abierto y leal. Amor por la infancia y por los hijos. Concede fecundidad a las personas, a los animales y a las plantas. Restablece la paz conyugal, la fidelidad. Suerte en el comercio.

3 - Del 30 marzo al 3 abril - Sɪᴛᴀᴇʟ - Dios de Esperanza
Da protección en los cargos de gran responsabilidad. Protege en las adversidades de la vida cotidiana y contra los ejércitos y potencias del Mal. Fuerza física y gran valor.

4 - Del 4 al 8 abril - Eʟᴇᴍɪᴀʜ - Dios Escondido
Éxito en el ámbito de la profesión. Protección contra los robos y los accidentes durante los viajes. Paz interior para las personas atormentadas, alivia la angustia. Talento musical.

5 - Del 9 al 13 abril - Mᴀʜᴀsɪᴀʜ - Dios Salvador
Permite vivir en paz con todos. Da equilibrio, diplomacia, sabiduría y amor por la libertad. Facilidad para aprender. Éxito en los exámenes.

6 - Del 14 al 18 abril - LELAHEL - Dios Loable

Salud, curación rápida en las enfermedades. Iluminación espiritual. Éxito y fortuna en el mundo de la ciencia. Fidelidad a los ideales. Capacidad de poner paz entre los litigantes.

7 - Del 19 al 23 abril - ACHAIAH - Dios bueno y paciente

Comprensión, paciencia para superar las dificultades. Capacidad de entender los secretos de la naturaleza, de hacer descubrimientos. Comprensión del sentido de la vida, retorno a la fe.

8 - Del 24 al 28 abril - CAHETEL - Dios adorable

Bendiciones divinas, alejamiento de los espíritus malvados. Éxito en la agricultura, cosechas abundantes (sean materiales o espirituales). Tendencia al misticismo y a la introspección. Carácter paciente.

9 - Del 29 abril al 3 de mayo - HAZIEL - Dios de Misericordia

Rectitud moral, nobleza de alma y generosidad. Protección contra las traiciones y la envidia. Amistad, afecto, capacidad de suscitar simpatías. Realización de los propios deseos.

10 - Del 4 al 8 mayo - ALADIAH- Dios Propicio

Protección contra los malvados. Regeneración moral, curación de las enfermedades. Capacidad en el trabajo. Capacidad de perdonar las ofensas. Cambios afortunados.

11 - Del 9 al 13 mayo - LAUVIAH - Dios Loado

Confiere gran sabiduría. Protege a los gobernantes, a los políticos o a aquellos que guían a otras personas (o se puede invocarle por ellos). Equilibrio y diplomacia. Fuerte capacidad de recuperación en las dificultades.

12 - Del 14 al 18 mayo - HAHAIAH- Dios Refugio

Favorece la capacidad de interpretar los sueños. Da protección contra los sortilegios y el rencor de los demás. Espíritu misionero. Fuerza interior. Capacidad de análisis de la personalidad interior.

13 - Del 19 al 23 mayo - IEZAEL - Dios glorificado

Favorece la fidelidad conyugal, la reconciliación de las parejas, la felicidad, la capacidad de mantener buenas relaciones de amistad, de realizar los proyectos. Carácter optimista.

14 - Del 24 al 28 mayo - MEBAHEL - Dios conservador

Da a sus protegidos el sentido de la justicia, benevolencia y comprensión. Capacidad de defenderse de las calumnias, amor por la libertad. Cambios aventureros y afortunados.

15 - Del 29 mayo al 2 junio - HARIEL - Dios creador

Fe, retorno a la fe, capacidad de creer en lo sobrenatural. Sentido de la medida, equilibrio, inventiva en el trabajo, creatividad, felicidad en la vida familiar.

16 - Del 3 al 7 junio - HAKAMIAH - Dios del Universo
Protección en los litigios, facilidad de suscitar y mantener amistades importantes. Carácter fuerte, capaz de dar consejos y de ser escuchado con respeto. Intuición y sabiduría.

17 - Del 8 al 12 junio - LAUVIAH - Dios admirable
Amigos de confianza, mucha afectuosidad, dulzura de carácter, buen reposo nocturno, capacidad de reponerse de las enfermedades del cuerpo y de los sufrimientos del espíritu. Sueños premonitorios.

18 - Del 13 al 17 de junio - CALIEL - El Dios que concede
Protección en las adversidades. Ayuda de lo alto en caso de dificultades. Realización de los proyectos. Amor por la verdad y protección de los calumniadores. Facilidad de palabra.

19 - Del 18 al 22 de junio - LEUVIAH- Dios Clemente.
Serenidad interior, protección en los incidentes. Capacidad de reponerse de las enfermedades. Óptima memoria, propensión al arte. Capacidad de ayudar a los otros con el buen ejemplo.

20 - Del 23 al 27 de junio - PAHALIAH - Dios Redentor
Capacidad de comprender las leyes de la naturaleza, propensión por la ciencia. Capacidad de comprender la propia misión en la vida. Protección de los traidores y de los sortilegios. Fidelidad en el amor.

21 - Del 28 junio al 2 de julio - NELKHAEL - Dios único

Protección contra las fuerzas del mal, contra los sortilegios y contra la envidia. Liberación de los opresores. Carácter fuerte y sereno. Amor por la belleza y el arte.

22 - Del 3 al 7 de julio - YEIAYEL - La Mano Diestra de Dios

Fortuna en los viajes, expediciones y en el comercio. Respeto a otros. Protección de los imprevistos y de los reveses económicos. Capacidad de recuperarse de las enfermedades.

23 - Del 8 al 12 de julio - MELAHEL - Dios Liberador

Protección de las armas, del fuego y de los atentados. Capacidad de curar por las hierbas. Amor por los viajes. Liberación de los calumniadores. Prosperidad, matrimonio feliz.

24 - Del 13 al 17 de julio - HAYUIAH - Dios Bueno

Protección de lo alto en caso de necesidad. Liberación de los peligros durante los viajes y en los traslados. Defiende de los calumniadores y de los timadores. Sueños premonitorios. Carácter amable, lealtad.

25 - Del 18 al 22 de julio - NITH-HAIAH - Dios de Sabiduría

Capacidad de comprender las disciplinas esotéricas. Sabiduría y amor por el estudio. Sueños premonitorios. Protección de las fuerzas del mal, buena salud.

26 - Del 23 al 27 de julio - AHAYAH - Dios Escondido

Propensión hacia la justicia y la ley. Amor por la verdad. Protege de los calumniadores y de los mentirosos. Gran fuerza interior. Atracción hacia las cosas divinas.

27 - Del 28 de julio al 1 de agosto - YERATHEL - Dios Protector

Protección contra los calumniadores, los mezquinos, los enemigos. Protección contra los agresores. Misión de propagar la Luz y la Civilización. Facilidad de palabra.

28 - Del 2 al 6 de agosto - SEHEIAH - Dios que Cura

Óptima salud, predisposición para la medicina. Protege del fuego, de los accidentes, y de los sucesos imprevisibles. Vida larga y rica en satisfacciones. Respeto hacia las amistades.

29 - Del 7 al 11 de agosto - REUEL - El Dios que Ayuda

Protege de los enemigos y de las obras de sortilegio. Capacidad de consolar a los otros con la palabra. Gran amor hacia el prójimo, fortuna. Salud y recuperación rápida de las enfermedades.

30 -Del 12 al 16 agosto - OMAEL - Dios Paciente

Paciencia, capacidad de solucionar problemas en todas las situaciones de la vida. Protege de la desesperación y los disgustos. Amor hacia el reino animal. Matrimonio feliz. Carácter noble, espíritu elevado.

31 - Del 17 al 21 agosto - YECABEL - Dios Inspirador

Intuición, éxito en el campo profesional. Talento natural hacia el conocimiento del reino vegetal. Capacidad de salir de las dificultades. Inteligencia notable.

32 - Del 22 al 26 agosto - VASARIAH - Dios Justo

Carácter sociable. Predisposición hacia la Justicia y la Ley. Benevolencia por parte de los poderosos y de los magistrados. Protección contra las agresiones y las maledicencias.

33 - Del 27 al 31 agosto - YEHUIAH - Dios del Conocimiento

Protege contra la hostilidad, la envidia y las conjuras. Éxito en el trabajo. Capacidad de comprensión de la ciencia. Carácter ordenado y respetuoso de la disciplina.

34 - Del 1 al 5 septiembre - LEHAHIAH - Dios Clemente

Calma la cólera (la nuestra o aquella en contra de nosotros). Capacidad de poner paz entre los litigantes. Excelentes ocasiones de éxito. Comprensión de las Leyes Divinas. Carácter altruista.

35 - Del 6 al 10 septiembre - CHAVAKHIAH - Dios de Alegría

Paz y armonía entre las personas y los familiares: Carácter condescendiente. Capacidad de superar las dificultades. Protección de la discordia, capacidad de perdonar.

36 - Del 11 al 15 de septiembre - MENADEL - Dios Adorable

Talento natural hacia la medicina. Capacidad de curar, aconsejar. Fortuna en los cambios de residencia y de trabajo. Carácter disponible, amor hacia los demás.

37 - Del 16 al 20 septiembre - ANIEL - Dios de Virtud

Capacidad de penetrar los secretos de la Naturaleza y del Universo. Capacidad de síntesis, amor a la ciencia. Capacidad de superar las adversidades. Notoriedad a través de estudios e investigaciones.

38 - Del 21 al 25 septiembre - HAAMIAH - Dios de Esperanza

Comprensión de los rituales, espíritu religioso y altruista. Ayuda en la investigación y la difusión de la Verdad. Encanto personal y capacidad de convencer a las personas. Intuición en la búsqueda espiritual.

39 - Del 26 al 30 septiembre - REHAEL - Dios que Perdona

Capacidad de curar a los demás y excelente salud personal. Ayuda de lo alto y protección de los peligros. Carácter amistoso y respetuoso de las amistades. Fidelidad en el amor y relaciones afortunadas.

40 - Del 1 al 5 octubre - YEIAZEL - Dios de Júbilo

Carácter alegre y portador de júbilo. Amor a la libertad, espíritu altruista. Liberación de los enemigos y protección de la envidia. Capacidad de consolar a las personas que sufren.

41 - Del 6 al 10 octubre - HAHAHEL - Dios Trino.

Gran capacidad de palabra. Inspiración por la fe. Espíritu religioso y fuerte sentido místico. Sueños premonitorios. Gran amor al prójimo. Fortuna en los viajes, amistades importantes.

42 - Del 11 al 15 octubre - MIKAEL (no es Miguel, el Arcángel) - Dios de Virtud

Sentido del equilibrio y de la diplomacia. Éxito en la política. Facilidad de palabra. Protección en los accidentes, sobre todo en los viajes. Larga vida.

43 - Del 16 al 20 octubre- YOLIAH - Dios Dominador

Protege contra los enemigos y los opresores. Aleja la depresión y la soledad. Fortuna en el trabajo y en las iniciativas empresariales. Carácter fuerte, dominador. Matrimonio feliz.

44 - Del 21 al 25 octubre - YELAHIAH - Dios Eterno

Protección contra las injusticias, favorable a los jueces y abogados. Valor y capacidad para superar los momentos difíciles. Capacidad de guiar a los demás e imponer su propia voluntad.

45 - Del 26 al 30 octubre - SEHALIAH - Dios Animador

Protección contra los prepotentes y los falsos. Carácter amable y nobleza de alma. Excelente salud, recuperación rápida de las enfermedades y capacidad de curar a los demás. Reconocimiento de los propios méritos.

46 - Del 31 de octubre al 4 de noviembre - ARIEL - Dios revelador

Capacidad de comprender los secretos de la naturaleza. Propensión a la ciencia, la medicina, y la investigación. Mente lúcida y óptima intuición. Protección de los accidentes. Sueños premonitorios.

47 - Del 5 al 9 noviembre - ASALIAH - Dios de Verdad

Ánimo elevado. Capacidad de elevarse hacia la Luz. Espíritu místico. Amor por la justicia y la verdad. Interés por las disciplinas esotéricas. Capacidad de comprensión. Profundidad de pensamiento.

48 - Del 10 al 14 de noviembre - MIHAEL - Dios Padre Caritativo

Capacidad de suscitar amor, paz y benevolencia entre los demás. Amigos fiables. Sueños premonitorios. Matrimonio feliz y gran sentido de responsabilidad hacia los hijos. Longevidad.

49 - Del 15 al 19 de noviembre - VEHUEL - Dios Grande

Protección contra los robos y los accidentes. Ánimo generoso, disponibilidad hacia los otros. Propensión a la enseñanza. Capacidad de pacificar a los que riñen.

50 - Del 20 al 24 de noviembre - DANIEL - Dios de los Signos

Capacidad de síntesis y profundidad de raciocinio. Amor por la belleza y el arte. Carácter magnético capaz de ayudar y consolar a los demás. Protección de los agresores.

51 - Del 25 al 29 de noviembre - HAHASIAH - Dios escondido

Sabiduría, ánimo noble y elevado hacia las cosas del espíritu. Vocación por la medicina y la investigación científica. Amor por el prójimo. Protección de los mentirosos.

52 - Del 30 de noviembre al 4 diciembre - IMAMIAH - Dios Elevado

Protección de los accidentes durante los viajes. Amor por la libertad, éxito en los negocios y en la sociedad. Espíritu independiente y amigable. Óptima memoria.

53 -Del 5 al 9 de diciembre - NANAEL - Dios del Conocimiento

Inspiración para el estudio de las ciencias ocultas. Conocimientos esotéricos por medio de la meditación. Inspiración para los abogados y para los magistrados. Amor por la verdad.

54 - Del 10 al 14 de diciembre - NITHAEL -Dios de los Cielos

Vida larga y serena. Protección de los peligros, ayuda divina en los momentos de dificultad. Sentimientos religiosos, nobleza de ánimo. Capacidad de llevar ayuda a los que sufren.

55 - Del 15 al 19 de diciembre - Mebahiah - Dios Eterno

Predisposición para la enseñanza. Amor por la infancia. Ayuda para la difusión de las ideas espirituales. Gran serenidad interior. Carácter fuerte y generoso. Protección en los accidentes de viaje.

56 - Del 20 al 24 de diciembre - Poyel - Dios del Universo

Este ángel concede una protección especial. Bienestar, fortuna, éxito, capacidad de reponerse de las enfermedades y de curar a los demás. Carácter conciliador portador de paz y tranquilidad.

57 - Del 25 al 29 diciembre - Nemamiah - Dios Laudable

Prosperidad y éxito. Capacidad de hacerse con los mandos de la situación y aconsejar a los demás. Predisposición al mando o a la vida militar. Fuerte sentido de la justicia.

58 - Del 30 diciembre al 3 enero - Yelaiel - Dios que Concede

Curación de las enfermedades, especialmente de las psicosomáticas. Protección de los timadores y de los mentirosos. Carácter dócil y gentil. Amor por el arte y la belleza. Éxito y notoriedad.

59 - Del 4 al 8 de enero - Harahel -Dios Conocedor

Talento en la matemática y en la administración. Carácter dócil, honestidad y sabiduría. Protección del fuego y de las explosiones. Buena recuperación de las enfermedades. Longevidad.

60 - Del 9 al 13 de enero - Lizrael - Dios Socorredor
Protección de lo alto y socorro en caso de necesidad. Capacidad de curar, aconsejar y confortar a las personas. Espíritu servicial y altruista. Grandes ideales. Fortuna en los estudios y en la enseñanza.

61 - Del 14 al 18 enero - Umabel - Dios Inmenso
Capacidad de suscitar y mantener la amistad. Comprensión rápida y gran inteligencia. Interés hacia la astrología y las ciencias naturales. Facilidad de palabra. Aspecto agradable.

62 - Del 19 al 23 enero - Iah-hel - Dios Supremo
Sabiduría. Búsqueda de la Verdad a toda costa. Carácter franco y leal. Introspección y capacidad de meditar profundamente. Vida feliz de pareja, bienestar físico y mental.

63 - Del 24 al 28 enero - Amauel - Dios de Bondad
Protección contra los imprevistos y los accidentes. Buena salud y carácter valiente. Capacidad de desempeñar trabajos de responsabilidad. Tendencia al misticismo. Éxito en el arte.

64 - Del 29 enero al 2 febrero - Mehiel - Dios Vivificador
Protección contra las fuerzas del Mal y los sortilegios. Capacidad de expresarse por escrito. Éxito en lo que emprenda y en la comunicación.

65 - Del 3 al 7 febrero - DAMABIAH - Dios de Sabiduría

Protección contra la envidia y contra los riesgos del fracaso. Viajes afortunados. Sueños premonitorios. Sabiduría y diplomacia en las relaciones con los demás.

66 - Del 8 al 12 febrero - MANAKEL - Dios Protector

Protección contra los excesos de cólera. Posibilidad de tener sueños premonitorios o de interpretar los sueños. Carácter jovial. Amistades duraderas. Gran fuerza de ánimo.

67 - Del 13 al 17 de febrero - EYAEL - Dios de Delicias

Protección en las desgracias y en los imprevistos. Sabiduría e iluminación de lo alto. Capacidad de comprender la filosofía esotérica y la astrología. Espíritu religioso o misticismo.

68 - Del 18 al 22 febrero - HABUHIAH - Dios Liberador

Protección de las enfermedades y capacidad de curar al prójimo. Riqueza interior. Espíritu sociable y gentil. Generosidad y sabiduría. Abundancia de cosechas materiales y espirituales.

69 - Del 23 al 27 de febrero - ROCHEL - Dios Omnividente

Protección de los robos y de la pérdida de los bienes. Posibilidad de éxito en el mundo de la ley. Fortuna en el amor y en las relaciones sociales. Fuerza física.

70 - Del 28 febrero al 4 marzo - Jamabiah - Dios Creador

Protección de las heridas provocadas por cortes. Riqueza interior, capacidad de regenerarse y mejorar. Capacidad de redimir a las personas extraviadas. Rápida recuperación de las enfermedades.

71 - Del 5 al 9 marzo - Haiaiel - Dios del Universo

Protección de las personas mezquinas y calumniadoras. Liberación de los perseguidores. Protección en el trabajo, victoria y paz. Coraje y fuerza de ánimo para superar las adversidades de la vida.

72 - Del 10 al 20 de marzo - Numiah- Dios Fin de Todas las Cosas

Capacidad de llevar a buen fin las empresas iniciadas, de alcanzar con éxito sus objetivos. Serenidad, capacidad de gozar con las pequeñas cosas. Comprensión de los secretos de la naturaleza. Longevidad.

LOS ÁNGELES LUNARES

Veintiocho Regentes

Así como hay ángeles regentes para todos los días del
año solar, o más exactamente, un ángel para cada cinco días (ver capítulo precedente), hay ángeles que dominan el ciclo lunar, mucho más corto que el solar.

La Luna se «renueva» cada veintiocho días y, como
veremos, hay un ángel tutelar para cada día.

Eso afirma un conocido esotérico francés, autor de
muchos textos de angelología y astrología: Haziel.[1]

El autor, sin embargo, no cita las fuentes da donde
han sido extrapolados los nombres. En todo caso, Haziel
es un estudioso digno de fe, que conoce profundamente el argumento, mucho más de lo que hace entrever
por medio de las numerosas páginas de sus libros.

Del mismo modo que sus hermanos solares, también los ángeles Lunares son portadores de dones y
virtudes para los seres humanos.

---

1. Astrologie Lunaire, Ed. Bussière, París 1992.

Cada uno de ellos materializa y transmite concretamente las energías que vienen activadas por el paso de la Luna en los diversos grados del Zodíaco

Cada ángel posee una individualidad propia particular, incluso, para ser exactos, él es la esencia misma de la virtud de la que se ha hecho intermediario.

Por ejemplo, el ángel número 8, Manediel, el portador de valor: él es el valor mismo; su modo de ser es la quintaesencia misma del valor y no podría ser de otra manera puesto que, como sabemos, el ángel es ley, incluso representa la estricta aplicación de una ley puesto que el ángel no puede elegir actuar o portarse de otro modo.

El ángel es la emanación directa de una gran energía de amor y armonía, ningún pensamiento que no sea luminoso y sereno puede penetrar en su mundo de belleza y de devoción.

Toda Legión angélica cumple su misión con imperturbable determinación, en el ámbito del campo de acción que le ha sido atribuido.

Los ángeles que se ocupan de los seres humanos vuelcan en ellos toda la Potencia y la Energía de los cuales son portadores. Nosotros somos Su misión. Con todos nuestros defectos y nuestros problemas somos el medio a través del cual también el ángel crece y evoluciona.

No hay límite a su capacidad de dar, así como no hay límite a nuestra posibilidad de pedir. La falta de requerimiento de ayuda por parte nuestra, crea algo como un bloqueo en la energía del ángel. Es como tener en casa una televisión apagada y mirar inútilmente a la pantalla vacía buscando informaciones y noticias. Hasta que no introduzcamos el contacto, encendiéndola, no conseguiremos nada.

Para el ángel, el «interruptor» que lo pone en marcha es nuestra petición de ayuda o de colaboración.

Una vez más lo que hace de intermediario es la concienciación.

En verdad, existe un límite a nuestros requerimientos y de ello hemos hablado ya en las páginas precedentes. Los ángeles acceden con alegría a realizar nuestros deseos, ya que están deseando intervenir en nuestra vida; el único impedimento está representado por el karma de cada uno de nosotros. Si la realización de un deseo nuestro está en contra de aquello que representa nuestro destino, aquel deseo no será escuchado por mucho que podamos rogar e insistir.

A continuación los nombres de 28 ángeles lunares y los dones de los que son portadores. Notaréis que hay dos Amixiel, respectivamente en los números 3 y 28.

1. GENIEL   El portador de un porvenir mejor.
2. ENEDIEL   Ofrece ayuda providencial.
3. AMIXIEL 1.º Interviene en el mundo del trabajo.
4. AZARIEL   Realiza los deseos.
5. GABRIEL   Refuerza la pureza de los sentimientos.
6. DIRACHIEL   Favorece el comercio.
7. SEHELIEL   Custodia las buenas intenciones.
8. MANEDIEL   Es portador de coraje.
9. BARBIEL   Ayuda en la resolución de los problemas.
10. ARDEFIEL   Desarrolla la lógica y la racionalidad.
11. NECIEL   Ofrece nuevas ideas e intuiciones.

12. ABDIZUEL   Es portador de afortunadas coinciden-
                cias.
13. JAZERIEL   Ayuda a los cambios afortunados.
14. ERGEDIEL   Es el protector de la belleza física.
15. ATALIEL   Favorece las ganancias en dinero.
16. AZERUEL   Favorece la meditación y la reflexión.
17. ADRIEL   Refuerza la voluntad.
18. EGIBIEL   Favorece la concepción y la materni-
                dad.
19. AMUTIEL   Ayuda a desenredarse de las dificul-
                tades.
20. KIRIEL   Favorece el equilibrio interior.
21. NETHNAEL   Portador de bondad y generosidad
22. GELIEL   Ayuda en la realización de los pro-
                yectos
23. REQUIEL   Portador de clarividencia.
24. BARINAEL   Favorece la afirmación personal.
25. AZIEL   Protege en los cambios de trabajo.
26. TAGRIEL   Portador de creatividad.
27. ALHENIEL   Acrecienta el poder personal.
28. AMIXIEL 2.º Desarrolla el amor por el conoci-
                miento.

Para conocer el nombre del ángel dominador del
día en el que estamos viviendo, es necesario dotarse de
un calendario que traiga las fases lunares.

El cálculo parte del día en el que se forma la luna
nueva (señalada en el calendario con un círculo negro).

Durante el primer día de la luna nueva reina el
ángel n.º 1 , Geniel. El día siguiente le tocará el turno
al ángel n.º 2, Enediel, y así sucesivamente.

Si, por ejemplo, deseáis cambiar de trabajo, será bueno pedir la ayuda del ángel justo, Aziel.

Naturalmente, podrías dirigirle peticiones y plegarias en cualquier momento, pero alcanzarán la máxima eficacia el día exacto en el que el ángel domina. Estará propenso a dispensar la energía de la que es portador.

Aun a costa de aburrir al lector, será útil recordar que si la realización de una petición debiera resultar dañina para nuestro porvenir, o para el de otras personas, dificilmente se nos concederá lo que pedimos.

El ángel trabaja en un mundo de absoluta armonía y benevolencia; no ayudaría jamás a un ser humano a expensas de otro o contra las reglas celestiales de justicia, inocuidad y sinceridad.

Frecuentemente, cuando nosotros deseamos ardientemente una cosa, estamos totalmente obcecados por la fuerza misma de nuestro deseo, no logramos darnos cuenta de si hay una insidia al acecho; son los límites de la naturaleza humana, a los que la potente naturaleza angélica pone remedio.

Una última advertencia antes de cerrar estas páginas: el ángel es disponible, afectuoso, pleno de amor y fraternidad, pero no olvidemos *jamás* que no es subalterno nuestro y, ni mucho menos, ¡está sujeto a nuestras órdenes!

Por muy «pequeño» que pueda ser el ángel con el que entramos en contacto, no olvidemos ni por un instante que estamos frente a una Potencia infinitamente más «grande» que nosotros.

CONCLUSIÓN

Este libro, naturalmente, no está completo, y ¿cómo podría estarlo? ¿Quién puede decir que, por fin, ha escrito un libro «completo» y «definitivo» sobre los ángeles?

Sería una presunción loca, puesto que la «verdad final» no la conoce nadie, ni los rabinos, ni los clarividentes, y, acaso, ni los ángeles mismos.

Faltan muchas cosas, otras podrían estar mejor dichas, otras habría que haberlas profundizado, en suma, he intentado hacer lo mejor posible, abriéndome camino entre cosas que podían resultar muy difíciles, como las Sephiroth, u otras que parecían de ciencia-ficción, como el futuro de la humanidad en California.

La última palabra corresponde al lector, a quien tengo por el único, el verdadero e indiscutible crítico.

Y al lector quiero comunicar, finalmente, mi motivación interior que, entre estas líneas solamente los más atentos habrán leído.

Sea cual sea vuestro juicio final sobre este libro, sabed que ha sido escrito con la participación total de todo cuanto poseo: cultura, memoria, intuición, técni-

314

ca, inspiración, método, disciplina, sufrimiento físico, tribulación interior, insomnios e inquietudes, pero, sobre todo, en ello he puesto el alma, la gozosa confianza de compartir mi alegría con otras personas.

Estará indudablemente lleno de lagunas, pero he intentado acertar; sea cual sea el resultado de este trabajo yo no podía dar más, ni a nivel físico, ni en disponibilidad espiritual.

Como he mencionado al principio, «Ellos» me han ayudado siempre, también cuando pensaba que fuese imposible avanzar. Han hecho penetrar en mi cabeza, demasiado limitada, nociones importantes, han ensanchado la visión interior, la intuición.

En suma, he trabajado con «Ellos» codo con codo y os puedo decir que ha sido una experiencia exultante y muy fatigosa, pues «Ellos» no conceden detenciones y distracciones.

Les doy las gracias por haber permitido que esto se realizase... ¡a pesar mío!

Y doy las gracias también a todas aquellas personas que me han ayudado de muchas maneras y que han colaborado para que este libro fuera una realidad.

LA GRAN INVOCACIÓN

Del punto de Luz dentro de la Mente de Dios
afluya luz en la mente de los hombres
descienda luz sobre la Tierra.

Del punto de Amor dentro del Corazón de Dios
afluya amor en los corazones de los hombres
pueda Cristo volver sobre la Tierra.

Del centro donde el Querer de Dios es conocido
el propósito guíe los pequeños quereres de los
                                        hombres
el propósito que los Maestros conocen y sirven.

Del centro así llamado género humano
se desarrolle el Plano de Amor y de Luz,
y pueda cerrar las puertas tras las que
el mal reside.

Que la Luz, el Amor y el Poder
restablezcan el plan sobre la Tierra.

BIBLIOGRAFÍA

GEOFFREY HODSON: *Il Regno deglo Dei*. Ed. L'Età dell'Acquario, Turín 1986.

GEOFFREY HODSON: *La Fratellanza degli angeli e degli uomini*. Propiedad reservada Ed. l'Età dell'Acquario.

CHARLES W. LEADBETTER. *Noscita della Sesta Razza Madre*. Ed. L'Età dell'Acquario. Turín 1982.

CHARLES W. LEADBETTER: *L'uomo, donde viene, donde va*. Alaya 1929.

CHARLES W. LEADBETTER: *Gli aiutatori invisibili*. Alaya, Milán 1929.

MARC DECENEUX: *Mont Saint-Michel, Histoire sacrée et symbolique*. Ed. Ouest-France, París 1992.

ALAIN DAG'NAUD: *Les Secrets du Mont Saint-Michel*. Ed. Jean Paul Gisserot, Lucon 1992.

ANTONIO SALVATORI: *La Sacra di San Michele*. Seat-Stet 1993.

HAZIEL: *Connaissance et Pouvoir*. Edit. Bussière, París 1989.

COMMISSIONE EPISCOPALE ITALIANA: *Nuovo Catechismo della Chiesa Cattolica*.

HELENA PETROVNA BLAVATSKY: *Raya Yoga o Occultismo*. Astrolabio, Roma 1978.

HELENA PETROVNA BLAVATSKY: *Iside svelata*. Armenia, Roma 1985. (Edición española en Ed. Sirio, Málaga.)

HELENA PETROVNA BLAVATSKY: *La Dottrina Segreta*. Sirio, Trieste 1981.

GIOVANNI TRITEMIO: *Steganografia. Hermetica*, Florencia 1982.

GIUDITTA DEMBECH: *Quinta Dimensione*. L'Ariete 1989.

GIUDITTA DEMBECH: *Il Musinè*. L'Ariete 1983.

GIUDITTA DEMBECH: *I Cristalli*. L'Ariete 1990.

GIUDITTA DEMBECH: *Meditare è facile*. L'Ariete 1991.

LYALL WATSON: *Il libro del Vento*. Frasinelli 1987.

FRANCESCO PAOLO FISCHETTI: *Studi Micaelici*. Edición privada.

ALICE BAILEY: *L'anima e il suo meccanismo*. Ed. Nuova Era, Roma 1983.

ALICE BAILEY: *Esteriorizzazione della Gerarchia*. Ed. Nuova Era, Roma 1985.

GIUSEPPE FILIPPONIO: *Il Loto Bianco*. Edición privada.

GIUSEPPE FILIPPONIO: *Le vie della Luce*. Edición privada.

TORKOM SARAYDARYAN: *La Scienza della Meditazione*. Ed. privada por cuenta del Instituto Cintamani, Roma.

ANNE E DANIEL MEUROIS GIVAUDAN: *Racconti di un viaggiatore astrale*. Ed. Amrita (ex Arista), 1989. (Edición española en Ed. Luciérnaga, Barcelona.)

MONS. GIUSEPPE DEL TON. *La verità su Angeli e Arcangeli*. Giardini Ed., Pisa 1988.

MARCO BUSSAGLI: *Storia degli Angeli*. Rusconi 1991.

PAOLA GIOVETTI: *Angeli*. Ed. Mediterranée. Roma 1989.

DIONIGI AREOPAGITA: *Gerarchie Celesti*. Tilopa, Roma 1981.

RUDOLF STEINER: *La missione di singole Anime di Popolo*. Ed. Antroposofica, Milán 1983.

RUDOLF STEINER: *Aspetti dei misteri antichi*. Antroposofica 1978.

RENÉ GUÉNON: *Simboli della scienza sacra*. Adelphi 1986.

MASSIMO CACCIARI: *L'angelo neccesario*. Adelphi 1986.

CORNELIUS AGRIPPA: *De Occulta Philosophia*. Mediterranée 1983.

CILIO FELICI. *Fatima*. Ed. Paoline 1989.

JEAN MARQUES RIVIERE. *Amulettes, Talismans et Pantacles*. Ed. Payot, París 1972.

GUSTAV MEYRINK: *L'Angelo della finestra d'Occidente*. Basaia 1985.

FRANCESCO BERRA: *L'Angelo del Signore*. Edición privada. Domodossola 1974.

ÍNDICE